U0117462

陳福成著

陳福成著作全編

第四十冊　我所知道的孫大公

文史哲出版社印行

國家圖書館出版品預行編目資料

陳福成著作全編 / 陳福成著. -- 初版. --臺北
市：文史哲,民 104.08
頁： 公分
ISBN 978-986-314-266-9（全套：平裝）

848.6   104013035

陳福成著作全編

第四十冊　我所知道的孫大公

著　　者：陳　　　福　　　成
出版者：文　史　哲　出　版　社
http://www.lapen.com.tw
登記證字號：行政院新聞局版臺業字五三三七號
發行人：彭　　　正　　　雄
發行所：文　史　哲　出　版　社
印刷者：文　史　哲　出　版　社
臺北市羅斯福路一段七十二巷四號
郵政劃撥帳號：一六一八〇一七五
電話886-2-23511028・傳真886-2-23965656

全 80 冊定價新臺幣 36,800 元

二〇一五年（民一〇四）八月初版

陳福成著作全編總目

總序：陳福成的一部文史哲政兵千秋事業

陳福成先生，祖籍四川成都，一九五二年出生在台灣省台中縣。筆名古晟、藍天、司馬千、鄉下人等，皈依法名：本肇居士。一生除軍職外，以絕大多數時間投入寫作，範圍包括詩歌、小說、政治（兩岸關係、國際關係）、歷史、文化、宗教、哲學、兵學（國防、軍事、戰爭、兵法），及教育部審定之大學、專科（三專、五專）、高中（職）等各級學校國防通識（軍訓課本）十二冊。以上總計近百部著作，目前尚未出版者尚約二十部。

我的戶籍資料上寫著祖籍四川成都，小時候也在軍眷長大，初中畢業（民57年6月），投考陸軍官校預備班十三期，三年後（民60）直升陸軍官校正期班四十四期，民國六十四年八月畢業，隨即分發野戰部隊服役，到民國八十三年四月轉台灣大學軍訓教官。到民國八十八年二月，我以台大夜間部（兼文學院）主任教官退休（伍），進入全職寫作高峰期。

我年青時代也曾好奇問老爸：「我們家到底有沒有家譜？」

他說：「當然有。」他肯定說，停一下又說：「三十八年逃命都來不及了，現在有個鬼啦！」

兩岸開放前他老人家就走了，開放後經很多連繫和尋找，真的連鬼都沒有了，茫茫無垠的「四川北門」，早已人事全非了。

但我的母系家譜卻很清楚，母親陳蕊是台中縣龍井鄉人。她的先祖其實來台不算太久，按家譜記載，到我陳福成才不過第五代，大陸原籍福建省泉州府同安縣六都施盤鄉馬巷。

第一代陳添丁、妣黃媽名申氏。從原籍移居台灣島台中州大甲郡龍井庄龍目井字水裡社三十六番地，移台時間不詳。陳添丁生於清道光二十年（庚子，一八四〇年）六月十二日，卒於民國四年（一九一五年），葬於水裡社共同墓地，坐北向南，他有二個兒子，長子昌，次子標。

第二代祖陳昌（我外曾祖父），生於清同治五年（丙寅，一八六六年）九月十四日，卒於民國廿六年（昭和十二年）四月二十二日，葬在水裡社共同墓地，坐東南向西北。陳昌娶蔡匏，育有四子，長子平、次子豬、三子波、四子萬芳。

第三代祖陳平（我外祖父），生於清光緒十七年（辛卯，一八九一年）九月二十五日，卒於（年略記）二月十三日。陳平娶彭宜（我外祖母），生光緒二十二年（丙申，一八九六年）六月十二日，卒於民國五十六年十二月十六日。他們育有一子五女，長子陳火，長女陳變、次女陳燕、三女陳蕊、四女陳品、五女陳鶯。

以上到我母親陳蕊是第四代，到筆者陳福成是第五代，與我同是第五代的表兄弟姊妹共三十二人，目前大約半數仍在就職中，半數已退休。

寫作是我一輩子的興趣，一個職業軍人怎會變成以寫作為一生志業，在我的幾本著作都詳述（如《迷航記》、《台大教官興衰錄》、《五十不惑》等）。我從軍校大學時代開始

寫，從台大主任教官退休後，全力排除無謂應酬，更全力全心的寫（不含為教育部編著
的大學、高中職《國防通識》十餘冊）。我把《陳福成著作全編》略為分類暨編目如下：

壹、兩岸關係

①《決戰閏八月》　②《防衛大台灣》　③《解開兩岸十大弔詭》　④《大陸政策與兩
岸關係》。

貳、國家安全

⑤《國家安全與情治機關的弔詭》　⑥《國家安全與戰略關係》　⑦《國家安全論壇》。

參、中國學四部曲

⑧《中國歷代戰爭新詮》　⑨《中國近代黨派發展研究新詮》　⑩《中國政治思想新
詮》　⑪《中國四大兵法家新詮：孫子、吳起、孫臏、孔明》。

肆、歷史、人類、文化、宗教、會黨

⑫《神劍與屠刀》　⑬《中國神譜》　⑭《天帝教的中華文化意涵》　⑮《奴婢妾匪到
革命家之路：復興廣播電台謝雪紅訪講錄》　⑯《洪門、青幫與哥老會研究》。

伍、詩〈現代詩、傳統詩〉、文學

⑰《幻夢花開一江山》　⑱《赤縣行腳‧神州心旅》　⑲《「外公」與「外婆」的詩》、
⑳《尋找一座山》　㉑《春秋記實》　㉒《性情世界》　㉓《春秋詩選》　㉔《八方風
雲性情世界》　㉕《古晟的誕生》　㉖《把腳印典藏在雲端》　㉗《從魯迅文學醫人魂
救國魂說起》　㉘《60後詩雜記詩集》。

陸、現代詩（詩人、詩社）研究

拾參、中國命運、喚醒國魂

67《政治學方法論概說》　68《西洋政治思想概述》　69《中國全民民主統一會北京行》　70《尋找理想國：中國式民主政治研究要綱》。

拾肆、地方誌、地區研究

71《大浩劫後：日本311天譴說》、《日本問題的終極處理》　72《台大逸仙學會》。

73《台北公館台大地區考古・導覽》　74《台中開發史》　75《台北的前世今生》

76《台北公館地區開發史》。

拾伍、其他

77《英文單字研究》　78《與君賞玩天地寬》（別人評論）　79《非常傳銷學》

80《新領導與管理實務》。

我這樣的分類並非很確定，如《謝雪紅訪講錄》，是人物誌，但也是政治，更是歷史，說的更白，是兩岸永恆不變又難分難解的「本質性」問題。

以上這些作品大約可以概括在「中國學」範圍，如我在每本書扉頁所述，以「生長在台灣的中國人為榮」，以創作、鑽研「中國學」，貢獻所能和所學為自我實現的途徑，以宣揚中國春秋大義，中華文化和促進中國和平統一為今生志業，直到生命結束。我這樣的人生，似乎滿懷「文天祥、岳飛式的血性」。

抗戰時期，胡宗南將軍曾主持陸軍官校第七分校（在王曲），校中有兩幅對聯，一是「升官發財請走別路、貪生怕死莫入此門」，二是「鐵肩擔主義、血手寫文章」。前聯原在廣州黃埔，後聯乃胡將軍胸懷，「鐵肩擔主義」我沒機會，但「血手寫文章」的

「血性」俱在我各類著作詩文中。

人生無常，我到六十三歲之年，以對自己人生進行「總清算」的心態出版這套書。

回首前塵，我的人生大致分成兩個「生死」階段，第一個階段是「理想走向毀滅」，年齡從十五歲進軍校到四十三歲，離開野戰部隊前往台灣大學任職中校教官。第二個階段是「毀滅到救贖」，四十三歲以後的寫作人生。

「理想到毀滅」，我的人生全面瓦解、變質、險些遭到軍法審判，就算軍法不判我，我也幾乎要「自我毀滅」；而「毀滅到救贖」是到台大才得到的「新生命」，我積極寫作是從台大開始的，我常說「台大是我啟蒙的道場」有原因的。均可見《五十不惑》、《迷航記》等書。

我從年青立志要當一個「偉大的軍人」，為國家復興、統一做出貢獻，為中華民族的繁榮綿延盡個人最大之力，卻才起步就「死」在起跑點上，這是個人的悲劇和不智，正好也給讀者一個警示。人生絕不能在起跑點就走入「死巷」，切記！切記！讀者以我為鑒！在軍人以外的文學、史政有這套書的出版，也算是對國家民族社會有點貢獻，對自己的人生有了交待，這致少也算「起死回生」了！

順要一說的，我全部的著作都放棄個人著作權，成為兩岸中國人的共同文化財，而台北的文史哲出版有優先使用權和發行權。

這套書能順利出版，最大的功臣是我老友，文史哲出版社負責人彭正雄先生和他的夥伴們。彭先生對中華文化的傳播，對兩岸文化交流都有崇高的使命感，向他和夥伴致上最高謝意。

台北公館蟾蜍山萬盛草堂主人　陳福成　誌於二○一四年五月榮獲第五十五屆中國文藝獎章文學創作獎前夕

序

我是一個平凡的人，生平除了愛國愛民的念頭，別無雄心大志。

不知是不是我生下來的時候，我父親為我取了個名字叫「大公」，所以我這一輩子的思考方式都是「天下為公」！

我今年虛歲八十歲了，一生平淡無奇，沒有想到當年我是陸軍官校最兇的老師，居然還有不少「粉絲」（**FANS**），還有大作家（昔日的學生）陳福成願把我一些雞毛蒜皮的事集結成書，使我此生沒有白活，真是要謝謝作者和各位耐心的讀者了！

孫大公

民國一百年元旦

西元二〇一一年 辛卯

研究旨趣、架構與緣起說明：代自序

幫別人撰述一生重要事蹟，大體上不外兩種方式，一者「流水式」，按出生、兩歲、三歲……八十歲……如生命之流水。此種方式，須耗費龐大時間、人力和資源。

第二種方式是「研究式」，一生重要事蹟細分成許多主題，每一主題成為獨立的研究內容。此種方式在時間、人力、資源上均較節約。本書採用此種方式。

我為甚麼要研究孫大公先生，其緣由、動機可參看「導論」一文，此處略說分四篇。

第一篇，「起程，向目標挺進。」出身背景到學生時代，「當台灣處於風雨飄遙之際的孫大公」一文，時代背景是民國六十年初，此時孫君從普度大學回國的第八年。人生旅程上可算「起程」階段，因他預官役服完再重讀陸官校，起步較晚故。本篇有四章。

第二篇，「也是戰爭，在美國對左派、台獨、倭奴和猶太人的鬥爭」。有六章，各章在時間上不連續，但可歸類在「同性質戰爭」。

第三篇，「國家發展方向到最美麗的一仗——二〇〇八法統重光」。有五章，時間也不連續，但屬思考國家發展方向，尤其思考中華民族的核心思想，以及政治、社會和文化建設的價值何在？參與「二〇〇八年法統重光」是最美麗的一仗，讓國家、政府遠離貪婪，終結台獨政權，遠離外戚宦官之禍，回到常軌運作。另在給「總統夫人美青女士」一文，附「春秋大義」等短文，乃在彰顯本書的核心思想，這種思想是中國歷史發展的重要元素，馬英九的歷史地位亦逃不出春秋大義之定奪。

第四篇，「人生有夢，但悲不見九州統」，有四章，算是給主角做一個結語。

研究型回憶錄，顧名思義是「研究」型態的一種傳記作品，寫作的人可以針對研究的對象，加以進一步詮釋、增補，但應在研究對象的思想行誼範圍內。是故，研究者（寫作的人）對所研究的主角之思想內涵，乃至其核心思想要有「神準」的體認。

本書研究的對象孫大公先生，早在四十幾年前，當時筆者仍是陸軍官校預備班十三期的學生（高中），孫大公當我們營長，在我們心中他便是一位有儒者之風的「軍人典型」，且是「忠貞典型」，又是中華民國第一位留美碩士的營長。

歲月匆匆走了四十多年，此期間我再也沒碰到過這位老長官。但他的「忠貞典型」形像始終存在我心中，從未折舊，更未失落，像深埋時間膠囊的一株小小嫩芽。直到民

國九十五年我在陸軍官校校友會會訊第四十二期，寫一篇「抗戰勝利六十周年、陸官四十四期畢業三十周年慶」，可能該文提到「預備班十三期」，老長官孫大公先生竟在太平洋對岸的美國讀到拙文，他輾轉經由陸官校訊，連繫上我這位軼隱數十載又不長進的學生。

生命充滿著意外和神奇，時間膠囊中的芽竟竄出土壤，且成長、開花、結果。我寫了多篇有關老長官的文章，最後成為這本書。而此時，我四捨五入也要六十歲，老長官也快八十了，有機會出這本書真是「奇緣」、「良緣」。

萬盛山莊陳福成　二○一一年春於台北

《我所知道的孫大公》一書第二版略說

對於古今典範人物的書寫研究，始終都是我創作著述重要之領域。已經正式出版的如孫子、吳起、孫臏、孔明；當代如山西芮城報人劉焦智、漸凍勇士陳宏、平民詩人王學忠、企業家詩人范揚松、老詩人一信，乃至被稱「二二八事件主謀」的謝雪紅、美國詩人兼小說家愛倫坡（Edgar Allan Poe, 1809-1849）等，在資料許可下，都盡量在書末附人物年表，為力求較完整和清楚明白，可以讓未來有心查閱的讀者能一目了然也。

自從二○一一年四月，《我所知道的孫大公：黃埔二十八期孫大公研究》一書出版，幾年來總思要將孫君年表編成，都因公私俗務而一再拖延。直到二○一四年下半年有些空閒才草成簡編，又寄往美國，請老營長親自細心增、刪、校、補、修以正之，終使本書較為完整。

自從國父　孫中山先生於民國十三年在黃埔建校建軍，先總統　蔣中正先生率我黃

埔健兒東征、北伐、抗日、剿共，無數名將寫下多少可歌可泣的故事，使我中華民族精神卓立於今。然而，如我老營長孫大公先生，雖非建功立業之名將，但他以身教言教心教，亦教出許多名將；更進而，筆者研究孫君一生，尤其他筆之於書的思想主張（詳見《孫大公的思想主張書函手稿》一書，二○一三年七月，文史哲出版社），不論以微視或宏觀其每篇手稿之建言，皆可為我中華民族強國強種之策論。孫大公足以「布衣而為將帥師」，孫大公的故事和精神，應有更多的機會，在許多炎黃子孫心中代代流傳、禮讚！則吾國吾民甚幸！中華民族甚幸！

半個世紀以來，從陸官預備班十三期（民57）到現在，我和老營長並未見過幾次面。

但這「幾剎那，已是永恆」！是人生珍貴的回憶。

人生苦短，紙短情長，言不盡，思無窮。就在本書第二版付梓的二○一五年新春，略為言說，並祝福吾師閤家平安、幸福、健康長壽，而人生功德圓滿。（台北公館蟾蜍山萬盛草堂主人　陳福成　誌於二○一五年元月）

我所知道的孫大公

目　錄

在蔣公銅像前照

孫大公之立身準則

但求無愧我心

詎能盡如人意

蔣中正 玉照

蔣經國　玉照

蔣中正頒獎章給孫大公

蔣經國在官邸慶賀其孫女蔣友梅受洗

孫大公與蔣孝文合影

國民黨元老陳立夫與孫大公合影

孫大公將國旗及中國地圖展示於普度大學

西元 1963 年孫大公獲美國普度大學土木碩士學位

西元 2001 年黃埔軍校「溯源之旅」

與全國政協副主席王兆國會談

與國台辦副主任王在希會談

與國僑辦主任郭東坡會談

與民革中央會談

與上海市政協副主席黃躍金會談

與黃埔全國同學會理監事合影

恭謁　國父中山陵

赴「南京大屠殺紀念館」致祭

在長城上展示校旗

「溯源之旅」到達廣州黃埔軍校原址

家族合照

導論：爲挽救「國魂」之沉淪找尋一位當代典範人物

——孫大公的精忠報國歷程與反思

正當以陳水扁爲首的台灣獨派執政者，喪盡天良的把「中華民國」這塊招牌砸碎砸爛，以人民爲肥美鮮肉大口啃吞。再以「去中國化」使美麗之島「沙漠化」，導致現在島內的人，不知民族氣節是啥！不懂春秋大義爲何物！不懂仁義道德是「什麼」！

這個國家正在沉淪！墮落，爲官從軍乃至一般人，以鬥爭謀利爲正常，以作弊作假爲競爭之常態（因三一九槍擊便是這樣贏的）。傷哉！國

孫大公老師（中坐）與他教過的學生，站立者左起：張哲豪、周立勇、虞義輝、盧志德、周小強、陳家祥、陳福成（本書作者）、高立興、解定國。95 年 4 月 23 日攝於台北‧天成飯店。

家不能就此沉淪下去，我欲找一位「典範」來喚醒國魂，初想到文天祥、岳飛，又想到那也許離我們太遠。應該找一位「活生生」的當代人物，正好筆者手上有「孫大公精忠報國事績」，檢驗孫大公一生行誼與思想上的堅持，正是吾人所欲探求之典範。故為文誌之，望能喚醒我們的國魂，或為反思之教材。

一、放棄留美，請纓就讀黃埔軍校廿八期

孫大公，浙江杭州人，民國廿一年十一月廿四日生。一九四九年山河變色之際，他正好是十七歲的少年。或許動盪的年代使人早熟吧！高中畢業的他，心中所想已和常人不同，據他後來回憶，刊在民國四十八年九月十五日的「黃埔週報」有一段話說：

我下定決心投筆從戎是五年以前的事了。

遠在八年以前，當我高中畢業的時候，我面臨了選擇投考大學科系的難題，我考慮著：「我應該學什麼，才能對國家有多一份的貢獻？」我記得　國父曾經說過建設最重要，而建設之中又以土木工程為最基本。所以考慮的結果我選擇了土木工程作為我報國的途徑。很幸運的，我順利地在台北工專畢了業，習得了一點可以為國效勞的技術，本來想在預備軍官訓練班畢業以後便加入土木界服務的，可是就在

預訓班受訓的期間，我開始對土木工程這一門，是否能在目前反共抗俄的時期產生最積極的作用，起了懷疑。

我想，現在我們的首務在保衛台灣，自求生存，進而收復大陸，解救被奴役的同胞。那末，土木工程還不能算是最積極的救國手段，而比此更積極的又是什麼？思之再三，祇有軍事。可是不幸得很，我一向厭惡戰爭。

對一個高中生而言，這是多麼成熟而直接的思維，又是多麼讓人敬佩的志向。果然他從台北工專畢業後，服完預官役，原已考取美國維吉尼亞軍校，還獲史丹佛大學獎學金，又全都放棄轉而申請就讀我陸軍官校。這是民國四十四年七月間國內最熱門的新聞，軍聞社也有如下報導：

【軍聞社高雄四日電】陸軍官校改制以後，進步的教育設施和新穎的教授方法，已引起全國有志青年普遍熱烈的嚮往。該校本年度招生委員會，連日來接獲各地區青年寄來之大量函件，申請報考，該校招生委員會業已令飭各地區招生辦事處，分別詳細答覆。據悉：申請報考之青年中，有去年自該校預訓班第二期畢業名列第二之大專畢業生孫大公。孫大公原畢業於臺北省立工業專科學校，且曾於年初考取美國維吉尼亞軍校深造，惟因嚮往陸軍官校改制以後的新穎教學法及傳統光輝的革命

歷史，較之美國西點軍校實有過之無不及，故改變其赴美意願，致函校長謝肇齊少將，申請報考該校。謝校長對於孫大公此種報國熱忱，至感欣慰，已於今日覆函表示嘉勉與歡迎之意。

前面講到這位年青人最厭惡戰爭，但為挽回國家民族的劫運，放棄個人的高薪事業（台北工專是當時的金飯碗），投身黃埔軍校。孫大公有一段回憶談到，「我不入地獄，誰入地獄？」的觀感，幹軍人雖不是下地獄，然而他們的犧牲、無我精神是毫無差別的。他如願，成為一個陸軍官校廿八期允文允武的軍校生。

二、江東孫權之後的廿八期孫大公同學

孫大公正式成為黃埔廿八期的新生，他是很「特別」的學生。首先，他是大專畢業，服完預官役之後，才從陸官一年級新生開始讀起，年齡上比同學們「虛長」幾歲。其次，像他這種放著大好前途（賺大錢的機會）不要，去幹軍人實在是當時社會的唯一。那麼，他在陸官校的學生時代是否也受到特別待遇呢？民國四十六年九月十六日的黃埔週報有一篇關於他的報導，「值得敬佩的孫大公同學」：

江東孫權之後的二十八期學生孫大公，有一段頗不平凡的來歷：他曾是大專畢

業後接受過本校預備軍官訓練的正式預備軍官，并且預訓班畢業後，已有著待遇優厚的職業，可是他把它們一概輕輕地摒棄了，折回頭來投進了本校二十八期做學生，或以為這簡直是「開倒車」，其實卻大大地不然！

這位到今年十一月二十四日始滿二十五歲的優秀青年，浙江杭州產，器宇軒昂，氣度恢宏。民國四十二年，當他畢業於台北工專後，奉召參加本校預訓班第二期受訓，是時本校正進行改制，光榮的黃埔傳統，注入了新的時代精神，頗呈一片蓬勃氣象，他不禁為之暗暗稱羨。翌年預訓班畢業，應聘母校（工專）任助教兼軍訓教官；可是他已經再也無法忘記這塊座落在南台灣的革命聖地──黃埔軍校。他想：「工程」救國，終不及「從軍」報國來得積極，特別是在今天；於是他毅然放棄了他那份本極愜意的差事，上書請纓參加了本校二十八期。世間原有許多不可思議的事；然如審察其動機，依然可以評定它的價值；孫同學為了獻身神聖的革命，不計其過去學經歷，甘願從頭做起，這種精神使我們無以名之，祇有搬出「偉大」二字來形容了。

入校兩年的他，憑著過去的良好基礎，其功課自不言而喻，可貴的是他毫不以此自足，每在學業上作更深的鑽研，行更廣泛的涉獵，同時在他與同學們的相處中，

普度大學研究院土木系深造。更受到當時警備總司令，曾任國防部長黃杰將軍的賞識和

民國五十年秋天，孫大公再度成為第一屆國防公費留學生，保送美國印地安那州的

三、中華民國第一位碩士營長到「孫老師」

程師不幹，跑去當兵的道理。

的安全和幸福，才獲得保障。」聽了這番話，你才能了解這個年青人為甚麼當初放著工

「如在敵人砲火下，豈能安得廣廈千萬間來照顧人民大眾？唯有築起國防長城後，國民

是排長了）的回應不得不讓人佩服，他表示「寧棄金飯碗」也是為國家民族長遠之計，

「優薪高祿的工程師不幹，卻偏要鑽進裝甲車裡受罪，簡直是瘋狂傻透。」孫同學（已

回國後，分發裝甲師擔任排長。孫大公回憶當時，很多工專同學碰到時開玩笑說，

獎章，並由陸總部保送美國裝甲兵學校接受初級班教育。

孫大公過了四年軍校生活，畢業時以總成績第二名，榮獲先總統　蔣公親頒績學

踢足球，週末照例參加音樂欣賞會；假期則一竿在手忘我於垂釣之中。

個人誇耀其「想當年」是最無聊不過的！他的個性應屬於較活躍的一型；課餘喜歡

也從未顯示一點「老資格」的味道，完全打成一片，因此他的人緣極好，他認為一

嘉許，破例允作出國進修保證人。

進了普大不久，孫大公被推選爲「普大中國同學會主席」，他不但努力吸取新知，也積極投入中國同學會的服務工作，以及與當地僑胞密切聯繫，不放鬆任何機會，致力於國民外交工作。在民國五十二年五月五日的中央日報「普大零縑」報導：

本校研究院土木系孫大公同學素來對國民外交工作非常熱心，最近曾以國旗一面，全國及臺灣之立體地圖各一幅贈送學校，由校長代表接受。其於贈送儀式中致詞，希冀能藉此增進中、美兩國間之友誼與瞭解，同時也表示中國同學對學校的一種敬意。（燿）

從這些零星報導，得知孫大公這個人，活潑、熱情，誠實和愛國是很重要「本我」特質，且私心很低，凡事先想到國家民族。他在普大研究所，曾修「空照研判地質」，它是一門高度科學的新課程，教學生如何從一張空中攝取的地球或其他星球的地面照片上研判，就可知道其地質的組成情形。他說：人類尚未登陸月球前，美國就是先用這類方法，研判月球上的地質。目前，它已更廣泛的被採用於國防軍事、農業、工業礦產、與太空探樣等方面。

學成歸國，孫碩士即回到母校執教；由講師、連長、副教授、預備學生班教務主任，

學生營營長以迄調任土木系主任；數度當選為官校優良教師，並為長官器重，學生愛戴的典型幹部。

孫大公在民國五十七年成為我國建軍史上，第一位碩士營長，文武全才的軍人。結束營長職務後，孫大公有很長一段時間，在陸軍官校作育英才，完全地成為一位「孫老師」。當他的台北工專同學們一個個發大財、當大官，孫大公仍靜靜的，默默的當「孫老師」，他早已桃李滿天下，直到限期屆滿退伍，當一名平民百姓，仍不時提筆為文，他熱愛國家民族，堅守民族大義的堅定立場，不因年長而減弱。

四、給蔣經國伯父的一封信

孫大公對國家、社會的關心，也表現在許多方面，如改善選舉風氣，揪出貪官污吏等。一九八〇年代，薩爾瓦多內亂，孫大公還寫信給當時美國總統雷根（Ronald Reagan），談平定內亂的經驗。筆者手中各種資料有一份較特別的信，寫給時任總統的蔣經國先生，全文刊出。

伯父鈞鑒：

　　在我國近代史上，繼國父　孫中山先生及先總統　蔣公之後，您將會佔有非常輝煌的一頁，因為這些年來中華民國在您領導之下所發展的民主、繁榮、安定、茁壯是有目共睹舉世所欽的，也都是中華道統和三民主義的具體表現，連中共也不得不低頭認錯要向台灣學習了！

　　時常，您會講些意義深遠的小故事給大家聽，使社會大眾在思想上、生活上受到您的薰陶，而達到潛移默化之效，這是非常了不起的一種王道教育方法。可是，今天在報上拜讀了您昨日在中常會講的兩個故事，不由得要向您報告點我不成熟的感想，就是：

　　第一個故事——可能有損您偉大的形象。
　　第二個故事——可能助長大眾不法的思想。

　　謹簡略說明如下：

　　第一個故事裡面的「自己駕車」表示您「平易、隨和、實幹的精神」；給「外國人搭便車」表示中國人「仁愛好客的美德」。但是，收取外國人的小費，並用以理髮之舉卻不太切合您的身份，可能會破壞了您偉大的形象。

第二個故事您和伯母去戲院看電影是「與民同樂」；排隊買票是「守法」和「不享特權」。給大眾的形象是完美的領導人，都從心底裡向您發出認同感。可是，黃牛來賣票因為是熟人，就沒有檢舉，給人的印象是重「情」甚於重「法」；接受黃牛的戲票饋贈則更肯定了「不法」的可以存在。因此社會大眾在一種模仿偉人的心理推動下，就可能不知不覺做出「重人情」、「輕法律」的事了。

當然，伯父您一向是講求誠實的，所以自己就坦坦誠誠地把故事說了出來，可是有時為了達到更大的教育效果，也許稍稍調整一點情節也是良心所允許的，任不敏，試擬故事結局數則，不知是否允當？

一、第一個故事

……外國人連聲道謝，還要給我小費。

1. 我笑著向他搖搖手，告訴他「助人為快樂之本」是我們中國人做人的信條。

或2. 我正要拒絕，忽然看見車前不遠處有個清道夫在掃馬路，靈機一動就拿他的錢給了清道夫，外國人先是一愕，然後頻頻豎起大姆指說：「好！好！」。

二、第二個故事

……「蔣先生，我請客！我請客！」我當場拒絕了他的好意，告訴他我還是應

排隊買票，同時勸告他不要再做這種違警亂紀的事了。

這樣的收尾雖然可增強教育大眾的效果，可是稍嫌官式化了一點，不過權衡影響的深遠，只有作此野人獻曝之舉了，尚祈見宥。

尚此　恭頌

政躬康泰！國泰民安！

愚侄　孫大公叩上

民七十四年二月十四日

以上這封信中，孫大公爲何稱蔣經國爲「伯父」，是因爲他父親和蔣經國是朋友，而他自己和蔣孝文是好友兼同學。本文想要推薦給當代人者，是一位平凡平實的孫大公，且其一生行誼亦如其「大公」之名，把自己完全奉獻給他熱愛的國家民族，正是所謂「正其誼不謀其利，明其道不計其功」也。蔣經國貴爲國家元首，但孫大公認爲蔣先生的行誼有若干不妥之處，就毅然提筆，貢獻出他認爲正確的做法。孫大公就是這樣一個人，忠誠直爽，從小到大，以一顆赤誠忠膽獻給他熱愛的國家。

五、結論——心中懸念仍是國家前途

現在的孫大公早已「退出江湖」，照理說是不顧塵世之事，安度其清靜無爲的退休

生活。但他一顆心仍掛念國事，尤其是兩岸中國人的團結，今年（九十五）初夏，他致書筆者，呼籲兩岸中國人千萬不可忘記「南京大屠殺事件」。若忘了就會再遭受另一次大屠殺（見華夏春秋第四期，二○○六年七月）。最近以來，他眼見整個「不法政權」的台獨偽執政團隊竟成為「貪污腐敗集團」，駙馬趙建銘只是上層搞錢的工具。他再次來信，舒發內心感受。

福成學弟：

願已足！

我當年熱血沸騰投筆從戎，為的是保國衛民，只要國家富強，人民安樂，則於願已足！

可是退伍以後進入社會，發現貪污橫行，如不先清亂源，再多的軍隊也無濟於事，因此本著愛國初衷，凡遇不善之事即作反應。

前幾日清理舊資料發現有不少存底，現在我把有代表性的寄給你作為參考，若有需要也可修改充作免費「春秋」來稿，但盼先知會我一聲。順頌

宏圖大展

孫大公　二○○六年五月三日

總之，正當中華民國已給台灣獨派「消費、浪費」將盡之際，國魂沉淪，黨魂不振，軍魂掙扎，社會動盪。許多人活在水深火熱之中，更多的人日子過不下去，人民的「痛苦指數」不斷升高，而統治者依然傲慢腐敗，目前已面臨「天下即將結束」的命運。吾人尋覓到一位當代「典型」人物——孫大公。他一生堅持民族氣節，堅守民族大義，默默的把自己一生奉獻給國家，不求聞達於亂世，不謀私利於當局。只顧中國之和平、統一、富強和繁榮。

管子治國明訓「禮義廉恥，國之四維，四維不張，國乃滅亡」，也是中國古今治國之大道理。歐陽修釋之「禮義制人之大法，廉恥立人之大節；不廉則無所不取，不恥則無所不為。」觀當今陳水扁那班人，盡是一批寡廉鮮恥之徒，各界痛罵「不要臉」之聲如排山倒海而來，卻依然不為所動的賴在位子上。相對照於孫大公的清廉節操，而那些貪官和竊國者，雖位高權重，來與孫大公「提鞋」也不夠格，貪污腐敗的竊國者終被丟入「歷史的灰燼中」，堅守民族大義者必有崇高的歷史地位。

對於這樣一位不同於「岳飛型」的精忠報國典範人物，他和我們生長在同一時代，對目前為官從軍之人，尤其當代青年，能是一位學習效法的對象，並能讓我們反思反省，如何才可正氣磅礴地屹立於天地之間，做一個堂堂正正的中國人。

註：本文曾發表於「華夏春秋」季刊，第五期，二〇〇六年十月號。後在山西省芮城「鳳梅人」報連載，自四十四期（二〇〇八年六月二十一日），到四十七期（二〇〇八年八月二十三日）。

第一篇　起程，向目標挺進

第一章　孫大公先生背景源流與生命歷程略述

孫大公先生是本書主角，也是我研究的對象。首先我從百家姓譜中，略述孫姓源流。

孫姓來源在我國歷史上，有幾種不同說法。

唐「宰相世系表」：「又出畢姓，孫叔敖後，又齊陳無宇之子書，伐莒有功，景公賜姓孫，食采於樂安，子孫因亂奔吳，孫武為吳將，其後也。」

漢「孫根碑」：「先出自殷比干。」

「漢書」：「夏侯嬰為滕令奉軍，號滕公，其曾孫頗尚主，主隨外家姓號公主，故公子孫又為孫氏。」

「漢書」：「荀卿避漢宣帝諱改孫氏。」

以上孫姓來源，在歷史上都曾有一說。但另據「姓纂」記載較獲學術界認同，其最早祖先是周文王。文王的第八子康叔封於衛，傳到衛武公時，武公的兒子惠孫做了衛國

上卿，惠孫這一支，就拿孫字作他們的姓。當時衛國是現在山西太原一帶。因此，現在所有孫姓的中國人，其遠祖共認是周文王。

自周朝以降，我國孫姓賢能人才，代代都有，而以兵學鼻祖孫武、國父孫中山先生最為光芒萬丈，照耀宇內。三國孫權也算一代人傑，本書主角孫大公先生，即三國吳大帝孫權之第五十六代孫。

孫大公祖居浙江省富陽市，後因祖先經商遷居杭州市。祖父厚成公，英年早逝，父芹池公奮發努力，畢業於法政專校，任職黨政軍各界。母錢惠芹為蘇州名門之後，端莊賢慧，於民國廿一年十一月廿四日在北京市生下孫大公先生。

孫君始讀於南京市幼稚園，抗日軍興，內遷重慶，就讀巴蜀小學，因日寇之疲勞轟炸，避至市郊之成泉小學。後空襲日減，再回入市內之德精小學，畢業後入南開中學。未幾抗戰勝利，復員回上海，先後入聖約翰及復興中學，一年後又轉入家鄉杭州蕙蘭中學。徐蚌會戰時，南下廣州讀培正中學，未半年赤焰遍地，隨父往渝入鍾南中學，僅數月，共軍又至，乃往香港入南華書院附屬中學，最後到台灣入省立台南二中。

以上只要看孫大公先生的中學時代，就讀了八所中學，可見當時苦難的中國，個人和國家都處於顛沛流離狀態。孫君於台南二中畢業後，考入省立台北工專，成為改制專

科後第一屆畢業生，繼入預備軍官訓練班第二期受訓一年，期滿後返回台北工專任教。

因報國心切，不久孫君投筆從戎，再入新制陸軍官校自一年級讀起。四年畢業後，獲少尉任官及理學士學位。因第二名績優被派至美國裝甲兵學校初級班第七期受訓，返國後數月又奉命至我國裝校初級班第二十六期受訓。

民國五十年，被國防部保送至美國印第安納州普度大學研究院進修，專攻土木，獲土木碩士學位。

孫大公先生於民國五十二年十一月十二日娶夏威夷大學教育碩士、輔仁大學教授孫毓軒為妻，生三男（立群、立華、立章），已有二孫（志豪、志翔）（至二〇一〇年七月止）。

縱觀孫大公先生自陸軍官校二十八期畢業，所歷任的軍職主要有：裝甲第一師排長、陸軍官校學生連連長及營長、陸軍官校預備班教務主任、陸軍官校土木系主任。之後便退伍，反而在民間建築公司有更大的發揮，但相信這不是孫君之初衷，否則他何苦預官當完，重考陸官且自一年級讀起，因為他早已立志一生要從軍報國。「孫大公事蹟」在當年，可是國內「轟動武林、驚動萬教」的大新聞。

在一份孫先生給我的筆記資料中，他對自己的個性用十六字總結：「生性耿直、富

正義感、嫉惡如仇、不善鑽營」。我反覆思量這十六個字，心中慨嘆「完了！用這十六字在官場上，怎混的下去？」難怪他當完陸軍官校土木系主任後，便退伍了。但「真相」是否止於此？容我打住暫停，看本書最後一篇再做分解。

幸好，軍職並非孫君人生的全部，而是一小部份。另外他以一個中國人，炎黃子孫的身份，做了很多輝煌的工作，我深深感覺到，孫大公先生為我們中華民族多添一抹光彩！

真的，國軍沒有重用孫君，他依然在日記中寫著：「願貢獻畢生之力報效國家，只要有益於國家民族之事，雖死不辭。」

我確實有些不平，據我所知，國家並沒有給他甚麼？而他竟可以把生命交給國家。他不斷在人生舞台上創造附加價值，留學普度大學對左派和台獨進行鬥爭，退出聯合國時他如何的奔走呼籲！解甲歸田作良民他致函當局提出「要三民主義還是資本主義？」。

富春龍門孫氏宗譜　卷十五　行傳　二八

智五百四十三　諱玫　字聘三

生於乾隆十一年丙寅九月廿七日子時卒於道光六年丙戌十一月十一日辰時壽八十有一　娶沈家坂汪九儀公之女生於乾隆十二年丁卯八月十九日寅時卒於乾隆五十五年庚戌五月二十日未時　生四子　塏　穎　墿　坦　一女適方家　俱葬漁塘山　俱前泰元功

餘慶堂

我於 2008.10.18 去富陽市尋根（以先父所定之祖先名），高祖勝三－曾祖保之－祖父厚成。經龍門古鎮孫氏祠堂代查宗譜，終於找到聘三公之名字（如左圖）至此可以認祖歸宗。興我同代的是三國時吳大帝孫權之56代子孫，屬「信」字輩。據說孫中山先生也在宗譜內。真巧！

當倭國興起「入常」運動，他在美國參與、策動許多組織，進行「反對日本入常」活動，得到空前勝利。他也在國際社會到處用各種途徑下工夫，揭發日本侵略中國及南京大屠殺真相；他也不斷寫信給海峽兩岸領導人，談蕭貪防弊的問題；他最美麗的一場戰役，我認為是二〇〇八年為馬蕭抬轎，終結台獨八年貪污腐敗的「陳水扁偽政權」，國民黨得以重新執政，其最大的歷史意義是中華民國得以「法統重光」。

總之，孫大公先生目前雖已是一介銀髮長者，但白髮下的腦袋，竟裝的仍是中國在廿一世紀如何盡早完成統一！如何能把崛起的中國建設引導成繁榮富強的中國！如何才能使中國社會不要淪入資本主義的腐敗社會！如何使廿一世紀成為中國人的世紀！他滿腦子強國富民思想。然而，就是這些思想、信念，才是最感動人的地方，才是一種「珍寶」。

讓我想起一個有道高僧的故事，他為啓蒙他的三個徒兒，於是問說：「世間最珍貴的是甚麼？」

片刻，三個徒兒分別回答。小徒兒先說：「據說西方有顆夜明珠，是世間最珍貴的寶物。」

二徒兒也說：「佛陀的舍利子最珍貴。」

大徒兒最後說：「真理最珍貴。」思索著又補說：「佛法即真理，為世間最珍貴。」

當然是大徒兒得到最多掌聲，也最得師父的讚美啦！像這樣的啟蒙式對話，也讓大家回憶起以前讀「論語」，孔子和弟子的類似對話，都提示眾人，世間的「道」才是珍寶。我研究孫大公思想，研究他的一生，他堅守著國家民族的「道」，這個「道」是中華民族，是中華文化，是中國的富強康樂，只有這才是恆久的，才是最最值得追求的信念。至於個人的一切，是次要的。

年近八十了，他關心起自己的一件事，「根在那裡？」他去找根，把「根」找出來（如附印），原來是三國吳大帝孫權之五十六代子孫。至此可以認祖歸宗，而孫中山先生竟也在他們宗譜內，「這下可好」，或許這是我未來新的研究主題了。

第二章　孫大公的學生時代

有關我黃埔老大哥、陸軍官校二十八期孫大公學長的事蹟，我在民國九十五年間，時正當陳水扁偽政權即將拖垮中華民國，使全台沉淪之際，我欲找一位具有春秋典範的「現代人物」，給當時的青年（尤其軍人）警示，期能喚醒國魂和軍魂。

我找到的，正是這位我黃埔二十八期的老大哥。當時我寫了一篇文章，題名「為挽救國魂之沉淪找尋一位當代典範人物：孫大公的精忠報國歷程與反思」，約一萬字。該文發表在「華夏春秋」雜誌（台北，華夏春秋雜誌社，第五期，二○○六年十月號）。

後又將該文收在余所著「春秋正義」一書（台北，文史哲出版社，文學叢刊，民九十六年十二月初版）。亦期待能廣為流傳，啟蒙孤島上這群思想饑餓、人心沉淪的子民。

是後的幾年，我忙於其他著作，但一顆心仍掛在這位老長官身上，因為孫大公學長也是我在民國五十七年進陸官預備班十三期的老營長。我不時想著能在這位大學長身上

再「挖出一些東西」，以他一生特別而豐富的事蹟，深值筆之於書，而前面那篇一萬多字的文章，只不過是一個簡介。

感謝佛陀給我好因緣，我得到老長官的信賴，給我更多的「水、水泥和沙」，我「攪拌」出多篇文章，本文專述孫大公的學生時代。

孫大公於民國四十二年從當時的台北工專畢業，服完預備軍官役後，於四十四年九月八日正式成為陸軍官校二十八期入伍生的一員。由於他的優秀、忠貞，及其具有當代青年投筆從戎的代表性，他得到中國國民黨特種黨部所頒，第八次全國代表大會代表證書。

對一個大二學生而言，這是一項殊榮，同時得到蔣經國先生手書「堅百忍以圖成」教言，對青年學子更是一個無上之鼓舞。

民國四十六年，孫學長二十六歲！

如此年青而獨得眾多學子不可得之殊榮，會不會「忘了我是誰呢？」得意忘形，或變得驕傲不可一世呢？這對一個人而言，已是五十三年前的「古代史」了，如何去

中國國民黨特種黨部委員會證明書

壹　孫大公同志據本黨部選舉並依法當選為第八次全國代表大會代表特此證明

主任委員

中華民國四十六年十月二日

右給孫大公同志收執

14776 號

「查證」呢？想必也無從查起。我個人雖也軍人出身，但半生治史及學術研究，尤其在人物誌的寫作上，應嚴守「一分證據說一分話、沒有證據不說話」之原則。

就算是身為一個「作家」或「詩人」的我，亦銘記真誠是作家創作作品最重要的特質之「行話」。

是故，我不言孫學長以一個學生身份，竟能「集三千寵愛在一身」，能不驕傲乎？能不「眼睛長在頭頂上」乎？

但我卻能論證這位大學長從此更努力、更謙虛的學習。因為就在民國四十八年，他以第二名畢業的優異成績，榮獲保送美國裝甲兵學校初級班受訓，同獲保送尚有羅文山（後曾任聯勤副總司令）同學。當時任裝甲兵司令的蔣緯國將軍特給二人寫一賀函，「悉君等以學行優異、榮獲保送美國裝校。並期待來日學成歸國，我裝甲兵陣營又將增添生力軍，殊可先為慶幸等等。」

筆者也曾從陸官預備班十三期、正四十四期，學生時代一路走來，我很能理解那種

堅百忍
以圖成
大公同志　纪念
蔣經國

「感覺」，我期全期有六百餘位同學，多的是出類拔粹者。其中，深諳為將之道者，如路復國、許立孟、虞義輝、李立中、劉北辰等；有外交政治上之奇才，如朱湯榮、周志聖；有目前仍是學術界之泰斗，如張克章、虞義輝博士。另有書法家李金山、舞林界教授張哲豪（原名張國英）、英語補習界之大山頭劉建民。更有古今難有的「儒將」，博士將軍雙料的虞義輝同學，惟筆者，文藝界朋友給以「作家、詩人」的安慰獎。

我在學生時代屬於不活躍又不夠聰明的人，所謂的前幾名或保送美國之事，絕不可能掉在我身上，只是偶爾愛寫一些東西在校刊上發表，以證明自己的存在與價值。而我前面舉的那些同學，有多位在學生時代和孫大公學長一樣，就已是一顆閃亮的星星，集眾人羨慕眼光於一身，只

恨自己為甚麼不也是一顆更閃亮的星星。

所以，我說我很能感受那種「感覺」。明星的生活當然和「普通人」不一樣，這位「集三千寵愛在一身」的孫大公學長，他的學生時代生活點滴又如何？我在追蹤研究中，挖出他學生時代幾篇日記，就由當事人自己說話好了。

戰鬥——記學生營野營四日

第四連　孫大公

暑期訓練已近尾聲，為了把九週來所學得的戰鬥技能，作個總複習起見，全營特在大貝湖舉行了一次野營戰鬥演習，為期四天，一方面籍此測知同學對各個兵戰鬥動作領悟的程度，另一方面又可使同學體會一下戰場的實況，實在是一舉兩得，意義深長。

星期一下午一時正，全營在司令台前集合完畢，開始出發，按照一二三四連的順序，向大貝湖邁進。每個人都是全付武裝、白手套、大皮鞋，加上嘹亮的歌聲，整齊的步伐，所以在穿過鳳山鎮時，居民都露出欽羨之色，暗暗讚佩。整個行程共費一小時五十分鐘，

康樂車伴送——心暢！

全武裝邁進——雄壯！

雖然太陽熱了些，背包重了些，皮鞋硬了些，可是由於康樂車播放的音樂，和播音小姐

甜美聲調的鼓舞，同學都越走越有勁，沒有一個甘願落伍的。到達之後，立刻架設營幕，以班為單位，十個人一個蓬帳，依山傍水而築。周遭林木蓊鬱，鳥鳴清脆，靜謐佈滿四處，若不是手舞圓鍬，頭瀝汗珠，倒真有出塵之感！

當大家正在摸黑晚餐的時候，突然兩顆明星，自天而降；一顆是美麗多藝的葛蘭，一顆是老練圓滑的洪波，他們二位應本校某同學之邀，特自左營趕來慰勞，因事前大家俱無所聞，給我們帶來了意外的驚喜。倉促間搭台不及，又無樂隊，只得在克難的方式下，葛蘭清唱一曲，以慰眾勞。

強行軍急如箭逝　警戒兵勇擒犯敵

晨光微熹，大貝湖尚在睡夢之中，淡淡的薄霧，籠罩著靜靜的湖面，輕輕的微風，搔弄著樹顛，像在打著呵欠，太陽半睜著一隻惺忪的睡眼，懶懶地瞧著我們行進的行列。

今天我們輕武裝，換膠鞋，踏著輕快的步伐，走向十六公里外的楠梓，為要名符其實的「強」行軍，所以我們只花了三小時，就趕到了目的地。

前半段路程多屬山路，翻山越嶺，腳起塵揚，較為辛苦一點。後半段走上縱貫省道！平坦乾淨，還有閒空旁眺山色，解了不少疲勞。同學個個精神飽滿，勇往直前。最值得稱道的「是播音小姐不願坐在康樂車上獨享清福，情願走下車來，和我們一齊步行，同

學睹此，那肯示弱，因此士氣振奮，在很輕鬆愉快的情緒下抵達楠梓。

中午吃的乾糧，點飢而已，下午回程中，邊走邊演習尖兵班搜索，伏敵皆為我英勇尖兵驅逐消滅。入晚演習駐軍間警戒，整個營區都被我步哨包圍，同學雖經一日勞頓，也仍打起精神，嚴密監視，奈因初次演練，經驗不夠，被戰士化裝的假設敵滲入一人，大放鞭炮，於此危急之際，營內衛兵奮不顧身，直撲而前，經一番激烈的格鬥，頑敵終俯首就擒，全營得以保全。

攻擊者誓奪山頭　防禦者與地偕亡

第三日整日為班攻防對抗，全營分作兩組，上午第一組攻擊，第二組防，下午對調。

整個正面綿互數個山頭，因此搶聲震耳，遍山皆人。開始時，防禦的班構築工事，編成火網，攻擊的班加強偽裝，秘匿行動。每班都分配有指導官，隨時付予情況，以情況來誘導演習。當攻擊者接近陣地，雙方即將白刃戰的時候，此時因攻擊者攻擊精神旺盛，有誓奪陣地的決心；而防禦者守土信心堅定，有與地偕亡的準備，為避免假戲真做起見，所以在快要短兵相接的一霎那，雙方停止動作，由指導官來判定，誰亡誰勝，可見事前計劃之周詳，與同學演習之逼真。

晚間由高雄請來幾位歌女，和一個樂隊，唱得人昏昏欲睡，還是第四連兩位同學來

了一段相聲，倒博得滿堂喝采。

別有情趣村落戰　威風凜凜拔營回

天將破曉，同學好夢正酣，突然緊急集合號響，吹得人心弦震顫，幸虧平時訓練有素，同學皆能鎮靜著裝，及時趕赴集合場。在這次野營中，夜間緊急集合是一項重要的科目，尤其在接連三天的疲勞以後，有意試試你能否堅忍到最後五分鐘，能否把握住這決勝的因素。

夢裡——美麗的名字，破落的村莊。我們利用這個地形複雜的小村落，來演習班的村落攻防對抗。

村落戰在各種不同的戰法裡，是很辣手的一種，它對攻防雙方都有利，也可以說對雙方都有害；攻者得利用死角掩護前進，守者能利用隱蔽佈防，並可設置詭雷，挖掘陷阱，所以我們這次攻防戰中，大家把情況想得很真，演習起來，也就覺得趣味盎然了。

在這住屋零星散佈的情形下，隨處都有中伏的可能，於是攻擊的人端著槍，踮著腳，像個才出洞的老鼠，東張西望，碰上一條黃狗，也會嚇一大跳，而防禦的人卻躲在屋角，眼望著慢慢摸索前來的敵人，暗暗微笑，預備手到擒來，捉個活的，誰知正當肥肉進口的當兒，冷不防背後一聲：「不要動！」自己反被敵人活捉去了。

村子裡的雞鴨貓狗，被槍聲驚得亂飛亂跳。小孩子和大人們，都瞪著大眼，興緻勃勃地看我們演習。這村裡最引起我們兩種強烈情感的，是毛坑散出的臭味，和廚房溢出的飯香。

演習於十時完畢，我們趕回營地，自己炊餐，這一頓飯吃得又飽又香，大家還互相賣瓜——自誇。飯後全營集合，以樹為幕，以含羞草為褥，坐在那裡聽教官與教育長講評，歷兩小時完畢。

拔營後於三時出發，同學都歸心似箭，想早些回到闊別四日的母校。沿途康樂車與救護車仍然伴送，播音小姐也不時提醒我們最後五分鐘的重要。

漸漸行近鳳山，學校的軍樂隊已早在那裡相迎了，待我們一到，他們就走在前面開路，吹吹打打，好不熱鬧。我們服裝和去的時候一樣，只少了背包，同學們走得整齊精神，顯示出不屈不撓的毅力。路人都駐足而觀，擠滿了街道的兩旁，很興奮地欣賞這一支年青英發的隊伍。軍樂隊一直送我們到操場，由營長簡短訓話以後，結束了這四天戰鬥演習的野營生活。

老長官的日記喚醒所有「黃埔人」的回憶，自中山先生與老校長蔣公建立黃埔軍校以來從一期的老大哥，到廿一世紀已是第十年頭剛入伍的「入伍生」，都要經過「打野外」、「攻山頭」及各種野營等戰鬥教練歷程，甘苦滴點在心頭，黃埔同學碰面都是永恆的話題。

如我期，大致在民國六十到六十四年在校，若預備班十三期（筆者是）則前推到五十七年。

那些日子，多少個黃昏，多少個夕陽，我們在「七么四高地」、「六么二高地」、「配水池」等地打野外、攻山頭，也曾行軍到大貝湖，如今回憶起來，都已是半個世紀前的歷史。當年六百餘同學畢業，如今在職只剩五人（未查），而很多人也已去了西方極樂世界。二○一○年六月八日，十餘先後期軍校同學，在台大水源福利會館會餐

陸軍總司令部獎狀　(52)神童字第0127號

陸軍裝甲兵中尉孫大公於留學美國期間因重視國民外交工作忠誠愛國表現優良特頒給獎狀以示獎勵

此狀

總司令　陸軍二級上將　劉安祺

中華民國五十二年二月十九日

（每年三次，現已第十年），據郭龍春同學說，現僅剩四個中將：空特部司令張怒潮、金防部司令張慶翔、八軍團司令嚴德發、國安局雷光陸。

幾年前鍾聖賜同學先走了，我和虞義輝、張哲豪三人到病榻前看望，鍾同學還笑說：「我先到西方極樂世界，到那邊也要考軍校，先到的當學長，你們後到當學弟，我會照顧你們後來的！」

不知西方極樂世界有沒有軍校！

寫到這裡，一顆眼淚還是禁不住的，要掉下來。但，這是多麼真誠的感情，我們生為「黃埔人」，走了也帶著「黃埔魂」。「真誠」是我一生交友的「鐵律」，寧可只交一個真誠的朋友，不交一大堆「虛偽、不誠、不尊重」的對象。

孫大公學長自陸軍官校畢業後，不久考上第一屆國防公費，到美國普度大學修習土木。因在

美期間他也致力於國民外交工作，又獲多項肯定及高層頒獎鼓勵。

某日，黨國元老黃杰先生，給孫學長一函，邀同余琨生、簡熊泰、崔德望、陳秉民諸位老弟，一同光臨餐敘。這幾位都是當時的青年才俊，深獲各級黨國高層器重，故有此殊榮。

臺灣警備總司令部用箋

大公世兄

茲訂本月十一日十二時在南京東路四段明球館便約，邀同余琨生、簡熊泰、崔德望、陳秉民諸位老弟一同

光降為盼 此詢

近祉

黃杰

第三章　回憶代表知識青年參加國民黨

第八次全代會點滴

前文提到孫大公先生代表全國知識青年，參加中國國民黨第八次全國代表大會。這是一項歷史性劃時代的大事，關係著國家民族命脈之承續存亡，而就孫大公個人言，又是何等殊榮能有此機緣，擔負起這次的神聖使命。

中國國民黨第八次全國代表大會，於民國四十六年十月十日至二十三日，假陽明山介壽堂舉行。此刻（二〇一〇年底），我研究著本書主角參與那次盛會，已是五十多年前的往事了，那是一個怎樣的時代？

韓戰（一九五〇─一九五三）才正打的火熱呢！美國已開始經援台灣，也簽訂了「中美共同防禦條約」（一九五五年）。當然，中共在大陸正掀起一波波政治運動浪潮，同

時準備攻打台灣，完成以武力統一中國的企圖。

而在中華民國方面，土地改革等經濟建設已經啓動，國民黨檢討大陸失敗原因，完成了黨的改造。民國四十一年雙十節的七全大會，是中國國民黨改造後的一個總檢討，它一方面爲二年多的改造工作完成結清，他方面爲中國未來開闢一條奮鬥的道路。

民國四十三年三月第一屆國民大會第二次會議，會中就監察院所提副總統李宗仁違法失職之彈劾案，依法決議予以罷免之處份。同年三月二十日，蔣總裁中正先生與陳誠先生，分別順利當選中華民國第二任正副總統，使我國之反共大業邁入新里程。

就在七全大會閉幕後的第五年，即民國四十六年的國慶日，中國國民黨在台北陽明山革命實踐研究院，召開第八次全國代表大會，是爲七全以來的檢討改進。可以從黨和政府兩方面說明「八全大會」的成就。在中國國民黨方面是黨章「總綱」的修改，舉其第二、三條說明：

總綱第二條修改後的新條文：「本黨爲革命民主政黨，負有完成國民革命之歷史使命，以鞏固中華民國爲三民主義之民主共和國。」

總綱第三條修改後的新條文：「本黨結合全國信仰三民主義之革命青年及愛國同胞爲黨的構成份子，反對階級鬥爭，共同爲國家民族及廣大民眾的利益而奮鬥。」

民國 39 年 7 月 27 日，中國國民黨　蔣總裁召集負責同志會議，研究黨的改造，正面由左至右依次為蔣總裁、陳誠、張道藩、張其昀、蔣經國。

中央改造委員暨各單位負責同志合影。後排右起：郭澄、袁守謙、曾虛白、連震東、崔書琴、胡健中、唐縱；二排右起：蕭自誠、周宏濤、蔣經國、陳雪屏、張其昀、谷鳳翔、萬耀煌、沈昌煥；前排右起：鄭彥棻、俞鴻鈞、谷正綱、陳誠、羅家倫、狄膺、張道藩。

七全大會主席團向　蔣總裁呈獻致敬書後合影。

八全大會會場外景－臺北陽明山介壽堂。

（民國 46 年 10 月 10 日至 23 日）

出席一屆二次國民大會部分代表。前排由左至右：莫德惠、何應欽、方天、黃季陸、張羣、黃珍吾。後排右二至左為吳忠信、王雲五、朱家驊、冷欣、陳啓天。

第一屆國民大會第二次會議，就監察院所提副總統李宗仁違法失職之彈劾案，依法決議予以罷免之公告。

而在政府方面，落實以黨領政之領導模式，昭示政府施政方向及國家目標，使全民有共同努力之正確道路。這是「八全大會」之大會宣言，要點有三：

第一、反共戰爭是全體國民的責任：宣言中引用　國父孫中山先生的話，「國民革命，一國之人皆負革命責任。」故此一反侵略、反集權、反奴役、爭自由、爭生存的反共抗俄戰爭，是人人的責任，也是人人的權利。

第二、六大自由的昭示：反共戰爭的目的是「期於貫徹　總裁所昭示的六大自由：

㈠恢復工人勞動、擇業的自由；

㈡農民溫飽康樂的自由；

㈢人民思想、研究的自由；

㈣人民經濟生活的自由；

㈤生命安全的自由；

㈥選擇生活方式的自由。」

第三、反共戰爭可以消弭世界大戰：大會宣言強調一個信念──深信這一革命戰爭，可以消弭世界戰爭，到達世界和平的道路。

不至於引起世界大戰，且將消弭世界大戰，到達世界和平的道路。

以上簡略的文字和圖片說明，大致上可以讓我們理解那個逝去的年代，到底是怎樣

的歷史背景！孫大公先生所參與的「八全大會」到底是做啥的！大會的內容和意義何在？

可以肯定的，到了民國四十六年，我國已經走過三十八、三十九兩年的風雨飄搖，

四十一年順利開完黨的「七全大會」，製訂出未來國家努力方向。又經五年多實踐。四

十六年的「八全大會」是一個檢討，並修正了新方向。這時先總統　蔣公以國民黨總裁

之名，親自函請代表同志，召開「八全大會」，潔樽候光，孫大公把這些文件視同傳家

寶般保存著，因爲這是畢生的光榮，這是個人對國家民族有了交待的「證據」。

八全大會召開關係國脈民命，蔣經國先生亦以同志之義，針對總裁提議增設副總裁

一節，全體代表一致贊推辭公（陳誠）擔任副總裁，致函同志說明，以聚共識。

孫大公同志
蔣緘
269

十月二十三日（星期三）下午七時潔樽候
光
蔣中正謹訂
席設　臺北市中山堂光復廳

大公同志惠鑒此次本黨八全大會召開於國脈
民命存亡絕續之秋而又為貞下起元中興在望
之際集全黨之精英承　總裁之指導檢討革命
得失厘定復國大計其歷史性的意義不比尋常
尤其　總裁提議增設副總裁一節順應革命要
求宏揚奮鬥精神其對本黨發展前途關係更大
而全體代表一致贊推　辭公擔任副總裁人同
此心心同此望更為本黨革命前途光明之象徵
經國濫竽議席時聆
偉論眾雖旬日誼足千秋茲將　經國關於設立副
總裁事之發言詞抄陳
左右敬祈　參教並頌
黨祺
蔣經國　敬啟
十一月五日

孫代表大公　陳緘

安東街四百巷23弄　陳

台光

座設陽明山本院介壽堂

中華民國四十六年十月十六日（星期三）下午七時正

敬備便餐餐後並演出平劇幾齣

陳　誠　謹訂

孫士公先生台啟

台北市士林區天母四路七四衖一一五號陳緘

八全大會召開前後，孫大公有些時間在台北參加重要盛宴。例如陳誠先生在陽明山革命實踐研究院介壽堂宴請各代表，餐後觀賞平劇。與黨國元老陳立夫先生亦有深厚交誼，足見這位二十多歲的年青人，在黨國元老心目中，已有相當「重量」了。在八全大會後，孫大公在報上發表如下感言：

信心　孫大公

自從大陸淪陷，政府遷台以後經過了八年的發奮圖強，生聚教訓，台灣已由一隻救生筏變成了一艘不沉的母艦。在亞洲，我們是抵擋赤禍的中流砥柱；在自由集團裏，我們是指引反共的明燈。第三次大戰的危機，只要我們收復大陸就可以消弭，我們在世界上已經佔了舉足輕重的地位。

在英明偉大的總裁領導之下，我們的黨有了新的生命；我們的政府提高了行政效率；我們的軍隊成為世界上有名的鐵軍；我們的人民有了最安定的生活。由於大陸失敗的慘痛教訓，我們每一位黨員在痛定思痛之餘，莫不拿出最高的熱忱、最大的毅力，和抱著悔罪的心情，跟隨著總裁把革命事業從頭做起。

中國今天在國際上的地位，已從卅八年那種風雨飄搖的情勢，一躍而為世界上

反共的主力，最近中東和南美的國家，接二連三的來和我國訂交，互派使節。這更足以說明我們在國際間是如何地日益受人尊敬了。

第四章　當台灣處於風雨飄搖之際的孫大公

我極力回想四十年前的往事，個人的事，似已一片茫茫，想不起細節。但對於國事，卻仍清楚的很，當時我國所面臨的國際環境產生鉅變。

這種「鉅變」，現在想起來，再從大歷史觀察，事實上是很自然的事，是國際叢林的「常態」，如水往低處流那樣自然。只是人對於「變局、變化」，如人、事、時、地、物的改變，通常有恐懼感，這也是人心理的常態。改變的速度、規模越大，恐懼感越大，世上能勇於面對鉅變而無懼者不多。

當民國六十年底，聯合國通過「排我納匪」案，孫大公已卸任營長職務，接任陸軍官校土木

系主任，這年也正是他「四十不惑」。他果然以不惑、無懼的心情，寫一封信給當時的黨國元老張群先生（如影印本）。大意說，國際道義淪喪，公理淹沒，而國運蹇危，人心不振，此則所引以為憂者也。曾幾何時，經濟繁榮，淹沒一切，環顧國內，奢靡是競，渾忘「宴安酖毒」「多難興邦」之義。

如今風浪更惡，不自強實無以圖存，不革新將難言復國。長者國之元勛，萬民景崇，若登高一呼，定可敝振衰，先安內而後攘外，茲集眾議，擇急切當行，不可須臾緩者，臚列於後，敬供參考：

　(一)起用新人。
　(二)根絕貪污。
　(三)提高行政效率。

（四）精練三軍。

（五）革除奢靡風尚。

孫大公以「國家興亡」、「匹夫有責」的熱情寫這封信，確實也寫的文情並茂，有禮有節有度。極簡單的條列出五項。是當時國家政治上極待興革的五大內容。起用新人應是直指大陸來台老一輩各級官員或老國代等，到了「新陳代謝」的時間，不「代謝」掉，將對「身體」不好，難以應付鉅變。「貪污」似乎是古今中外所有政權的問題，權力到底該不該集中？或集中到何種程度？才不會有人貪污。或者，權力集中不集中，根本和貪污無關，全世界這麼多國家制度，無一可以用來解釋這個問題，看來全世界的政治學家還得努力，從「現象」中找出「理論」，以理

大公世兄左右 日前得
手書 如獲晤對 藉慰
台端遷調軍校軍之系主任作育幹部人才
明恥教戰 以此報國意義尤佳 當前國
步益艱 遄返泛濫 世局之詭變早為
繼統英明睿智所預料 前瞻昭告國人
莊敬自強 處變不驚 政府現正 外交
內政經濟五方面力謀革新加強措置 於

示營前急務五大端 衆議僉同其中如根絕
貪污提高行政效率之機關正積極推動
之中尤以本來同法調查機關所屬行檢
肅之措施 為象所共見觀
來書字裏行間憂國之情溢於言表 良
堪欣慰 亦為此平復帳頌
潭祺
振群 後啓

中華民國六十年十一月十三日

論爲「刀」治國，看能否根絕貪污！

蔣公走後，經國先生慢慢掌握實權，進行一連串行政革新，台灣不僅度過難關，且開創新局，比美大唐「貞觀之治」，這是史家的肯定，也是春秋之筆秉筆直書，是爲後世典範。可見貪污和國家政治體制關係不大，而與政治領導風格和政治環境關係較大。

社會奢靡風尚之形成，其道理似也相同，惟孫大公憂國家前途，不論何種原因形成，他都勇於提出，供治國者參用。

「精練三軍」項，乃有見於國軍部隊久不打仗，體能戰技日越荒廢，沒有戰力，空談反攻復國，這是身爲軍人的孫大公所能親身體驗者。本來軍隊乃國家之命脈，應知「爲何而戰？爲誰而戰？」，我個人以爲，在兩蔣時代，這個問題不大，甚至不存在。因爲國家目標明確，即完成中國之統一。但到老蕃顛李登輝就有很大的問題，大家不知爲何而戰？爲誰而戰？身爲國防部長的李傑，竟向貪污腐敗的陳水扁僞政權靠攏，把黃埔精神當成破鞋丟掉，怎對得起列祖列宗。又怎對得起我黃埔先期老大哥？怎對得起創建黃埔軍校的總理和老校長蔣公。黃埔建軍之宗旨，在追求中國之獨立、繁榮和統一，如今怎配合台獨份子搞起國家分裂？對不起國家民族啊！這些是後話，不過是筆者個人感慨，本文主角孫君也應有同感吧！言歸正傳。

孫大公是在民國六十年十月二十六日寫信給張群，十多天後，十一月十三日岳老回一信（如上）。大意說，國步益艱，逆流泛濫，早為蔣公英明睿智所預料，前曾昭告國人，莊敬自強，處變不驚。政府現正就外交內政經濟各方面，力謀革新，加強措置，承示當前五大急務（大公五項建議），同時亦有感於孫大公函中字裡行間，憂國之情，溢於言表，良堪佩慰。

真的，我研究孫大公這個人，從年青時代有比常人更強烈的國家民族情操。否則，他怎會台北工專畢業，服完預官役，又重新考入陸軍官校從一年級讀起。說到這裡，我不得不想起本期林正義（今改林毅夫）同學，他是考上台大不讀（似已讀一年級，待查），去讀陸軍官校。孫、林二君在國家民族情操上頗多相同，即堅守「一個中國」立場，為中華民族盡大忠盡大孝，並以身為炎黃子孫為榮；但走不同的路，而殊途同歸。

孫君解甲歸田後，他的一顆心掛在那裡呢？告訴讀者們，依然是國家民族的前途，且讓我另章道來。

第二篇　也是戰爭，在美國對左派、台獨、倭奴和猶太人的鬥爭

第五章　在普度大學與台獨份子和左派學生

展開政治作戰之實況

前文提到孫大公於民國五十年至五十二年間，就讀美國印第安納州之普度大學（purdue Uni.），課業之餘也積極展開國民外交工作，獲當時陸軍總司令劉安祺將軍及國民黨中央委員會主任馬樹禮頒獎表揚。

孫君在普度大學研究院土木系兩年，獲得土木系碩士學位後，回母校陸軍官校任教。

事實上這兩年孫君除完成碩士學位外，同時也對海外台獨份子展開鬥爭，他把所有政治作戰工作製成報告，呈給當時陸軍官校校長張立夫中將。以下是孫君保留的手稿。

在美進修期間，因鑒於留學生中多有左傾及「台灣獨立」份子，不明大義，誣衊領袖，詆譭政府，故生以國民黨員身份與黃埔子弟立場，向彼等叛徒展開政治作

戰，以收攬留學生之歸心，及維護政府威信。有關諸種搏鬥經過，曾部份摘要呈報

上級，並承蒙嘉許及適機之指示。（申明及詳情附件如後）

申明：

生曾畢業台灣省立台北工業專科學校及預備軍官訓練班第二期，取得預備役步

兵少尉資格，又考取台灣省特種就業考試，謀生無虞，且因身為獨子，彼時父已年

逾花甲，又自然獲得緩役資格，更於返回工專任教期間，請得美國丹佛及俄亥俄兩

所大學之獎學金，隨時可以出國深造，但因受　總統偉大精神感召，並深感「天下

興亡，匹夫有責」，故毅然決然放棄種種唾手可得之優厚機會，轉而犧牲小我，獻

身黃埔，耿耿赤心，可昭月日。追維鳳山四載，益自淬發，美國兩稔，更自惕勵，

身居異邦，心思故土，兩相對比，不獨冀神州之終須光復，更念河山之亟待重整，

恒午夜驚起，環視身手，既可執干戈，亦可營工程，恨不能立即買棹西歸，擊楫於

太平洋上。

　　謹此敬呈

校長　張中將

生孫大公（簽章）

附件：對留美學生之左傾份子及「台灣獨立」份子搏鬥經過

留美學生份子複雜，有左傾、右傾、中立、台灣獨立等派；有大陸淪陷前、退守台灣後去者；有公費、自費者；有土生、各海外僑居地、及國內去者；另因出生省別、出身校別、宗教信仰、私人情誼……等。不同而各成集團。總之，龐雜混亂兼而有之，而如何方能促其一心歸順政府？殆為每一愛國志士之神聖任務。

普度大學之中國同學會組織龐大，含教授與學生共兩百餘人，並有十人委員會主持會務。同學會每月除有聚餐會一次外，尚有各種活動，為普大最活躍之學生團體之一。故欲爭取學人擁護政府，及排斥左傾及台獨派之影響，必先掌握此同學會，因此生幾經努力，終於當選會長，展開會務，推行各項有利黨國工作。茲分五項詳述如後：

㈠在國防部黨部王師凱先生支援下展開搏鬥

五十一年春首次與王師凱先生取得連絡，報告一般狀況，並請惠予支援，自此以後，王師凱先生即不斷寄來物品及指示。⑴第一次寄來大小國旗數面，由於同學會聚會從來不掛國旗，避談政治，故生藉佈置會場機會，不顧任何阻撓，決將國旗懸於會場中央，以為創導，糾正風氣，雖同學頗有謬論，但生堅持到底，以後懸旗

遂視為當然。其餘數面國旗分贈各大學之中國同學會及愛國華僑。⑵其後陸續寄來中英雜誌與中央日報，皆建立閱讀網，流通傳閱。另「蘇俄在中國」英文版一本，則專借友邦人士閱讀，迄今仍留美國。⑶其間曾寄來中共暴行放大照片數十張，特情商學校，借用圖書館大櫥窗以供展覽，並在照片下註以英文說明，孰料激怒左派份子，竟予生以人身威脅。⑷王師凱先生托留美軍官帶來全國及台灣立體地圖，因鑒於普度大學居然無我國國旗及地圖，甚而外籍同學有問台灣在何處者，故將此兩圖及一面國旗先在圖書館展覽，再以同學會之名義贈送學校，由校長親自接受。

㈡發展海外黨團活動

先是普度大學兩百多中國人中，無本黨組織及活動，五十一年八月參加一年一度之「美國中西部中國學人集會」時，遇留學生黨部美中分部負責人朱振發同志，商請生籌組「普度小組」，生當即應命，於是「普度小組」遂於該年十二月正式成立，以後凡新來學生為黨員者，皆納入小組組織，且運用黨團核心力量，選出忠貞份子擔任歷屆同學會會長，如國父侄曾孫孫必成、陳立夫先生公子陳澤寵等。而吸收新黨員亦列為重要工作之一。五十二年初美中分部於芝加哥召開代表大會，生獲

選為分部委員，崔天同同志為常委，朱振發先生為九全大會代表。

(三)利用同學會活動推行海外宣導工作

民國五十一年初，爭取為同學會文康幹事，並當選普度大學國際學生委員會中國代表，五月當選同學會會長。⑴同學會歷來從不慶祝國慶，生首創先例，於十月十日夜舉行慶祝茶會，除本國人外，並邀請友邦人士參加，會中請徐賢修教授講述台灣現況，並放映其訪台時自攝之電影配合說明。唯自此以後，生被左傾份子罵為「國民黨特務」。⑵是年冬參加學校舉辦之「國際夜」，放映幻燈片，介紹中國風景文物。並參加「國際學生展覽」，經精心佈置展覽會場，使之成為參觀者最擁擠之處。⑶十月同學會宴請友邦人士，特請訪台歸來之藍斯德（Prof. Ramstad）教授講述台灣進步現象。⑷五十二年春節聘請紐約胡氏兄妹劇團演出國劇，宣揚國粹，免費參觀，轟動全城。⑸四月為響應救濟難胞，發起捐血運動，中央日報海外版五月五日曾報導此事。⑹五月協助舉辦救濟澳門難胞慈善餐會。⑺兩年內不斷向行政院海外宣傳機構──紐約中華新聞服務社借到各種宣傳影片放映，如「開國五十年」、「今日台灣」、「今日金門」、「平劇簡輯」等，並由該社供應書面宣傳資料，當場分發。

㈣其他活動

⑴民國五十一年三月投稿黃埔出版社，報告見聞，並將心得作成建議。⑵六月台海局勢緊張，生擬一旦反攻聖戰開始，即返國參戰。⑶是年冬，國際紅十字會在普度開會，會場內有中共旗出現，當即向學校提出抗議，且另以專刊報告我駐美大使館。⑷平時經常舌戰左傾歪曲言論，並以同學會名義去信左傾之紐約華僑日報，予以譴責。⑸五十二年四月我國友人周以德議員（Dr. Walter Judd）與英國國家廣播公司（BBC）新聞評論員賈克遜（Jackson）來校開辯論會，題目為「中共是否應入聯合國」？生特佈置我方人員於場內鼓掌，支持周以德先生有利我國之宏論。凱先生于來示中不斷之嘉許。

㈤上級獎勵

民國五十一年榮獲陸總部頒發之獎狀，五十二年獲國防部之嘉獎函，以及王師凱先生于來示中不斷之嘉許。

以上是本書主角孫大公先生，於民國五十到五十二年間，留學普度大學時，對當時左傾與台獨份子展開政治作戰的一段經過。從這個過程，吾人看見一個對國家民族忠誠度百分之百青年學子，他「有生之年、結草圖報」的志節，讓人想到，文天祥、岳飛或

孔明，不就是如此嗎？都能面對魔鬼，而無所恐懼。

所不同者，孫大公所面對的背景環境更複雜，這是一九六〇年前後國際一段詭異、混亂而離奇的局面。我略述當時我國面臨的內外情勢，否則身處廿一世紀的人，可能很難理解孫大公所處那段廿世紀中葉，到底是怎麼了？為何孫君須要那樣做？

海外台獨運動起源於美國，始於一九六〇年代（孫大公正好趕上），但就宏觀架構審視，又與當時國際政治、共產主義擴張、及「基督教徒與馬克思主義者對話運動」和「長老教會的解放運動」息息相關。

原來自一九六〇年國內留美學生日增，以下是兩個不同單位的統計資料。表中台灣籍學生約為百分之五十，在抽樣調查中，台籍生回台服務者偏低，一九六〇年在美東、西及中西部，有三個台灣同鄉會「福摩沙俱樂部」成立，都有分離主義傾向；同年十二月，盧主義和陳以德在費城成立「台灣獨立聯合會」（U.F.I.），宣稱支持廖文毅的「台灣共和國臨時政府」，此後開始有各種較積極的台獨組織和活動出現。

中華民國赴美留學生統計表

年代	美國移民局 學生數	美國駐華大使館 學生數
1960	688	899
1961	739	1104
1962	882	1383
1963	1214	1896

資料來源：南方朔，帝國主義與台灣獨立運動（台北：黎明版，民70年12月），頁61、62。

在一九六〇年代，美日有一批機會主義學者、政客主張台灣應與中國分離，此對台獨運動有鼓舞作用。另外，以基督長老教會為首的激進宗教主張推翻現政權，階段目標因與台獨同，故他們也互為外圍。在中南美洲把這樣的神學思考，泛稱「解放神學」（Theology of Liberation）或「革命神學」（Theology of Revolution）。在美國的基督長老教會內部組織甚至設有「教會與勞工部」，等於把教會視同國家，風起雲湧的反政府、反國家運動，日以繼夜的幹著。

在一九六〇年代，兩極（共產陣營、西方民主）對決似已「誰也吃不下誰」，於是企圖「和平共存」。許多理論家提出「理論」，謂「共產主義即早期世俗基督教」、「基督教和馬克斯主義者是一家人」。大約此時，一九六一、一九六三年，梵蒂岡教皇兩次發表教諭，主張地上和平，反戰、反資本主義等，開啟了「基督徒與馬克斯主義者對話運動」的高潮。

以上我所簡述，是孫君在普度大學的兩年，此期間國際關係的「頂層結構」。兩極陣營要「和平共存」，便對中華民國不利，在美國的左傾勢力高漲更是對我國的打擊。而台獨得到發展的機會也日越囂張，所以孫大公在美國要鬥爭的對象（即二個敵人）：左派和台獨。

另一個當時很弔詭的問題，是左派（指中共人員或大陸留學生）和台獨的掛鈎，中共也在「搞」台獨。這是很多人不知道的，中共當然也堅定表示中國必須統一，在那個年代「中華民國」和「國民黨」是主要敵人，台獨在中共眼中不過是「次要敵人」。於是，拉攏次要敵人打擊主要敵人，是共黨策略理論可以「合法」操作的方式，因此那時左派也會參加台獨份子舉辦的活動，如座談會、同鄉會等，他們共同的階段性敵人是終結中華民國，搞垮國民黨。一直到一九八〇年八月，許信良在美國與史明（原名施朝暉，鄧小平「二野」時期的得力部下，後為台獨聯盟領導人。），二人共同發表「台灣社會主義革命黨，是台灣無產階級的革命黨，即是為了實現一切生產手段統歸社會所共有，並禁止不勞而獲，以實現無剝削的理想社會政治組織。」

可以見得，含中共在內的左派，與海外台獨曾是「階段性親密戰友」，也可見當時中華民國處境多麼堅困。孫大公在美國對兩個敵人（左派、台獨）的鬥爭，即是中華民國奮鬥之一環，無數忠貞之士奮鬥使我們「存活至今」。

第六章　在美國致力揭發南京大屠殺眞相

二〇〇九年十二月十三日，是中國南京大屠殺七十二周年紀念日。全世界都在悼念這個慘案，五千名各國人士，包含星雲大師、加拿大抗日戰爭史維護會會長列國遠、美國三藩市浩劫紀念館館長熊瑋、倭國中日友好協會幹事長白西紳一郎、東南大學建築所所長齊康等，齊聚在南京，召開「二〇〇九年南京大屠殺史學術年會」，「侵華日軍南京大屠殺遇難同胞紀念館」館長朱成山，頒發獎章給上述五人，感謝他們對真相揭發、研究與建館的支持。

同個時間，台灣沒有任何動作儀式，好像事不關己，台灣真的快完了，把這樣的「詮釋權」也放棄了。幸好，

諸位先生：

八年抗戰日寇屠殺我千萬同胞，此筆血債實難討還！諸位先生毅然挑負起歷史大任，令人由衷敬佩，謹捐助錄影帶兩套供用（附100元支票）。另外已發動親友伸出共襄盛舉，但請收款後給予收據以昭大信。

孫大公謹上　1996.12.19

還有很多中國人關注這件事，孫大公很早就以自己個人的力量，在美國致力揭發大屠殺真相（如一九九六年這封信）。他不斷寫信給識與不識，或媒體、機構等。

二○○一年七月，他在美國組團到南京參訪大屠殺紀念館，深感館藏的完整豐富，也應讓更多世人知道這個大屠殺，以認清倭寇這個有侵略性物種的真面目。後來他寫了一封信給當時的館長朱成山先生，朱館長回函告以相關事宜（如函件）。

到二○○四年六月，孫君又給當時館長朱一封信，有重要的一段話：

> 如今能知抗日時日軍殘殺數千萬同胞之國人已然不多，若再不利用簡易流傳之網站使後代皆知，則日本軍國主義再起，受害者必然又是我國……

朱館長回函，告以在二○○一年已建立網站。孫大公這個人便是這樣，他一心總牽掛著國家民族的興衰，牽掛著炎黃子民後世子孫不要再遭受類似南京大屠殺這種災難。

致啟者：

本人於 2001 年 7 月率團赴 貴館參觀，對於各種設施及資料之完備皆印象深刻，非常欽佩。

近聞有一冊「南京大屠殺一歷史照片中的見証」出版，內容豐富，不知是否 貴館印行。此間友人有意購贈各自之母校（美國）圖書館，不知如何購買，如何寄遞，煩請示知，即頌

時祺

　　　　　　孫大公 敬

　　　　　　2003.6.6

又：貴館電話有否更改？

附：他寄「館長」

孙先生大鉴：

来信收悉，感谢先生对敝馆的信任。先生查询的《南京大屠杀——历史照片中的见证》(*The Rape of Nanking : An undeniable history in Photographs.*)一书，不是敝馆印刷出版的，该书由美国芝加哥的 Innovative Publishing Group 出版社 1995 年出版，编辑者是旅美华人史詠、尹集钧。前几年，国内出版社曾经翻印了这本书，编辑者增加了部分内容（附件中增加了明妮・魏特琳等美国传教士的日记、信函）。该书是首部以中英文对照形式出版的南京大屠杀大型图片资料集，资料翔实，值得向海外学人推介。有关情况，先生可向美国的出版社查询。

敝馆的电话号码是：025—6612230。

敬颂

大安！

侵华日军南京大屠杀遇难同胞纪念馆

馆长　朱成山

2003 年 6 月 17 日

館長：　您好！　　　　　　　　（Fax 011 8625 8650 0035）

七七事變慘悠侵華之日又到，我在 2001 年率團參觀"南京大屠殺"後，對於 貴館保存史實之翔實非常讚佩，可是不知 貴館是否有網站可供自由瀏覽？是否除"南京大屠殺"之外還有其他發生在全國各地之日軍暴行登載？

歲月匆匆，如今能知抗日時日軍殘殺數千萬同胞之國人已不多，若再不利用簡易流傳之網站便捷代替知，則日本軍國主義再起，受害者必然又是我國，所以祇有似 貴館有充分之人力、財力、物力和珍貴之資料者方克設立一永久完整之網站資料庫，也才能提醒及教育我同胞！

茲建議網誌如下：

WWW. 中國人勿忘日本軍隊屠殺實錄.com（中英文）
　　一、南京大屠殺實況
　　二在全國各地之暴行實況

＊ 請將抗日時親身經歷之日軍暴行告知（須留時、地、人、事），以便登載。　地址：
　　　　　　　　　　　　　　　　　　　　　　Fax：
　　　　　　　　　　　　　　　　　　　　　　Email：

陸軍軍官學校旅美同學會
Chinese Military Academy Abroad Association

二十八期
孫大公
David T.K. Sun

Tel: 949-559-8356
14852 Mayten Ave.
Irvine, CA 92600
U.S.A.

孫大公敬上

2004. 6. 30

某日，孫君看報，世界日報有一新聞，湖南湘潭市一家娛樂中心，門外擺放一尊侵華日軍投降下跪雕像，寫著「不歡迎日本人入內」牌子（見本章末剪報），他立即修書給該市長：

此舉甚當，因為日本人始終把我國當作它的殖民地，抗日戰爭時濫殺我國同胞數千萬人，更是血海深仇。如今有骨氣之中國人站起來不歡迎日本人與狗，這種舉動是值得鼓勵效法的。

陆军军官学校旅美同学会

尊敬的　　孙大公先生：

您好！

来信收悉，感谢您对本馆事业的关注和支持，更对您举举的爱国热情表示敬意。

我们馆自 2001 年起就建立了自己的网站：www.njmassacre.cn，欢迎您登陆浏览以及搜索您所需的资料。

顺颂夏安！

侵华日军南京大屠杀遇难同胞纪念馆
地址：中国南京市水西门大街 418 号
电话：0086－25－86612230
传真：0086－25－86501033
Email:ohsh001@sohu.com

侵华日军南京大屠杀遇难同胞纪念馆

馆长 [签名]

2004 年 7 月 7 日

市长：您好！

阅报载（附影本）知　贵市某娱乐中心不欢迎寻春之日本人。此举甚当，因为日本人始终把我国当作它的殖民地，抗日战争时滥杀我同胞数千万人，更是血海深仇。如今有骨气之中国人站起来不欢迎日本人与狗，这种举动是值得鼓励效法的！

兹建议在每个耻辱纪念日（如七七、八一三、九一八）在商店外张贴大字报，以提醒及教育国人。

或更设立网站收集日军暴行，让年青一代（如李鹏之流）知道日本人目前正在重整经武，将来受害的又是我们中国人！！！因此，在赞赏贵市敢作敢为之馆，也代表海外国人向田兵等诸先生致敬。

孙大公敬上

2004.7.1

孫君在該信更進而建議每個國恥紀念日，如七七、八一三、九一八，應在商店外貼大字報，以提醒及教育國人。

二〇〇四年七月十日，「抗日戰爭史實維護會」在舊金山華埠，舉辦七七事變及義賣活動，事為世界日報記者葛康誠專文報導。孫君閱報，寫一信給該會會長源球，稱讚義舉，並述⋯（如函件）

日本人有併吞中國之野心⋯⋯至今不知悔改，甚至最近更將「防禦」國策改為「出擊」，如果我們不記取教訓，不知何時日本鬼子再啟戰端再度殘殺我同胞⋯⋯

孫大公先生在該信亦提醒世人，日本人是殘忍凶暴貪得無厭的民族，大家要防範和壓抑它的野心。此外，他在美國也致力於阻止「日本入常」，本來嘛！像倭寇這種獸性的物種都成了聯合國常任理事國，這世界還有公理嗎。

源球會長大鑒：

世界日報記者葛康誠兄報導「抗日戰爭史實維護會」七月十日在舊金山舉辦為紀念七七事變及義賣活動，閱悉深，敬佩貴會之熱誠。

誠如您所指出日本人有併吞中國之野心，同時自1931年918侵佔我第三省開始至1945年抗日勝利為止，14年間直接間接殺害我同胞數千萬人，而至今不知悔改，甚至最近更將「防禦」國策改為「出擊」，如果我們不記取教訓，不知何時日本鬼子再啟戰端再度殘殺我同胞?! 何況我們要不斷地固密神方法提醒同胞防範和壓抑它的野心。因中我想建議貴會成立一个中英文的網站，專題報告日本鬼子在中國的獸行，完全是事實報導（最好附照片），如南京大屠殺等，並可在網站致勵大家把知道的時地人事，用Fax或Email傳給網站將網全世界，這樣可以傳更多寄的人（尤其是中國人的後代）知所警惕。不知尊意如何?!

孫大公敬上
2004.7.20

（世界日報 2005.5.21 B11版）

大成先生：

閱報知 先生與黃授良先生正在發起阻止「日本入常」，這真是十二萬分重要之事。因為日本鬼子侵虐我國害死近千萬同胞，至今不知悔改，甚且變本加厲，目前又蠢蠢欲動，所以一定要設法不讓它「入常」。此事有勞史維合及二位了！

（附上20元支票一紙）　祝

抗日成功！

孫大公敬上
2005.5.22

文及：（2005.8.17）
（一）前信于5.22寄世界日報採訪組轉，不知收到否？
（二）附批作，請指正。
（三）職大化先生是否合手足：我已去信顧做做義工。（亦由世界日報轉）

抗日成功！

世界日報採訪組煩轉
Chinese Daily News
1588 Corporate Center Dr.
Monterey Park, CA 91754

Tel. (323) 268-4882
編輯 (323) 265-1192
263-9860

二○○五年六月十四日 星期二 TUESDAY, JUNE 14, 2005　世界日報

喬瑟夫 獨力完成 南京夢魘

紀錄日軍二戰暴行20年方竟全功　屠殺中國百姓 慘無人道至極

【本報記者黃美惠聖荷西報導】朗恩．喬瑟夫（Rhawn Joseph, Ph.D）單獨完成了紀錄片「南京夢魘」（Nightmare in Nanking），這是他20年前發願、十年前立志、近半年全時間花了四百小時工作的成果。

可是問他說：「紀錄片裡讓你個人最受感動的，是哪一鏡頭？」原本侃侃面談的喬瑟夫忽然墜入沉默。

「那是一個集體活埋的鏡頭，」喬瑟夫說，取得的鏡頭是一秒半的影片，他決定以慢動作呈現，「這些中國老百姓，男女老少被推進一個很大坑洞，後一鍬被推下的男子，他的雙手板反拼著。然後，兩名日本兵開始把土鏟下，一鍬又一鍬。」

這是南京大屠殺期間，被人以攝影機捕捉下來的鏡頭。

「南京夢魘」片長約80分鐘，影片和大約150幀圖片參雜出現。由喬瑟夫自己撰寫英文旁白、自己剪輯。

喬瑟夫早年在芝加哥大學醫學院取得醫學博士學位，之後到耶魯大學醫學院教書實習，出版過兩本神經心理學教科書。

他和中國人素昧平生，也從來沒有聽過「抗日史實維護會」等組織，他說：「只是單純想把真相整理出來，覺得以純正史學角度找尋到最恐怖的故事。」

決定和文筆謀聯絡，因為覺得是時候讓大家來看看「南京夢魘」的試映，第一場將於27日在密蘇里達的社區中心（Community Center）舉行。

讓記得五歲時在老家，祖母念誦的聖經故事給我聽──出埃及記──我應該是那時候就喜歡上了歷史。「」加州人的喬瑟夫學業兼長，年輕時就讀到芝加哥大學的博士。但他由衷感到自己可以不必寫了，因為張純如寫得太好了，他仔細拜讀，也決研究當年挽救很多南京百姓的金歐女大神秘的翰特及計的寧靜，並且寫了其它兩三部紀錄片，「南京夢魘」燃起滿腔成熱。

衣食無慮，他努力圓自己的歷史夢。當然，他已經發現，就本來生物科學界的強盜世界，他說：「寫歐讓恐怖故事的入會發現，用歷史概就找尋到最恐怖的故事。」

以以南京大屠殺為恐怖之最。20年前，他在一本書上偶然讀到南京大屠殺，心中下了種子。後來，只要在書上讀到南京大屠殺的記憶就保留下來，他的願望慢慢孕育，就是要針對納粹經營太、日軍對中國施虐合拍一紀錄片。

張純如出版「南京大屠殺」後，原本也想尋著的喬瑟夫知道自己可以不必寫了，因為張純如寫得太好了，他仔細拜讀，也決研究當年挽救很多南京百姓的金歐女大神秘的翰特及計的寧靜，並且寫了其它兩三部紀錄片，「南京夢魘」燃起滿腔成熱。

「希特勒日記」（Hitler's Diaries）紀錄片先在去年完成，已有有線電視台、教育電視，也是一部分的公共電視網PBS播放、KPX-CBS給予「mesmerizing」（令人神馳）的評語。

「南京夢魘」花去他約1萬5000元成本。他有過寫劇本的經驗，又向來喜愛電影製作，經營紀錄片是他的品味，像是特勒日記」全片只有配樂和旁幕，營造出獨特的肅穆氣圍。

「南京夢魘」不少鏡頭亦無旁白，而以字幕道出論點，「因為閱讀比點人讀，更能深刻打動人心。」

「剪得這部片子，我每到人世間遭慘無人道的事，為什麼造孽的日本人可以逍遙事一些走呢？過好日子，天年以終？」喬瑟夫說：「至少也應該叫日本政府對中國作出百億、千億美元的賠償才對！」

有一位芝加哥大學醫學博士喬瑟夫（Rhawn Joseph, Ph.D），以二十年心力，獨立完成「南京夢魘」（Nightmare in Nanking）記錄片，以下是部份片段描述：

這些中國老百姓，男女老少被堆進一個大坑活埋。我現在閉上眼睛都記得那最後一個被推下去的男子，他的雙手被反綁著。然後，日本兵開始把土鏟下，一鏟又一鏟……

這是喬瑟夫在一個活埋鏡頭的道白，最後他說：「剪輯這部片子，我看到人世間最慘無人道一事，為甚麼造孽的日本人可以像沒事一般走開，過好日子、天年以終？」「至少也應該叫日本政府對中國作出百億、千億美元的賠償才對！」

喬瑟夫的紀錄片，經世界日報記者黃美惠小姐在聖荷西報導，孫大公閱報即以讀者身份寫信

黄美惠小姐大鑒：

在世界日報上拜讀大作，喬瑟夫先生完成「南京夢魘」真是佩服這位考件博士以人間最大的正義相抗爭。我近中國人既飲佩他，又對自己身為中國人感到羞愧。

想，看，中國地方這麼大，人這麼多，可是不能把地方小小的日本人的暴行，全世界都知道德國的暴行，何在？中國人的骨氣何在？

喬瑟夫先生完成了「南京夢魘」之後，不知他我們如何報展這部影片，讓全世界都知道世界都道義德國，而迫使德國懺悔道歉。我們要被殺了幾千萬同胞，日本鬼子卻恬不道歉。歷史，認為義得有理，最近文露出猙獰面目要想再打中國，還妄想坐上常任理事國寶座。天道何在？

日本殘暴的民族性和醜陋的面孔，有根有方法事做這件事，尤其七七抗戰紀念日馬上就到。正是宣傳的好機會。

先生慧眼獨具，採訪到如此重大的新聞，希望由這火火花，點燃全世界的怨氣，以慰被日本必讓中國人出一口多年的怨氣，以慰被日本鬼子殘殺的千萬同胞在天之靈！！！

眾路神祇都會走持佑你們！

讀者
孫大公 敬上
2005.6.15

給她，素示敬佩喬瑟夫的正義勇氣，並提醒咱們中國人也要反省，（見孫給美惠的信）。

總之，孫大公以一個在野的小人物，不斷利用各種機會，揭發南京大屠殺真相，宣傳倭寇的侵略性，提醒世人「日本是倭寇、倭寇就是日本」。下面短文是孫大公的呼聲，炎黃子民不能忘啊！

「日本」是「倭寇」，「倭寇」就是「日本」

距今六百年前的明朝時代，日本海盜開始侵擾中國沿海的島嶼和城鎮，燒殺擄掠，強姦婦女，無所不用其極，當時我們叫他們「倭寇」。倭寇侵擾中國的情況延續甚久，直到民族英雄戚繼光出現。戚繼光訓練百姓民眾抵御外侮，終於逐退倭寇，恢復了沿海的平靜，民眾方得安居樂業。

曾幾何時，日本歷經明治維新之後，國勢漸強，狼子野心又再出現。而中國在清末腐敗軟弱，屢被列強欺侮，賠款割地以求苟安。民國建立以後則是軍閥戰亂，國弱民貧。日寇乃乘機侵略中國，這一次不似海盜式的零星出擊，而是傾注全國軍力發動一波波的侵略行動。從侵占東三省開始就意圖吞滅中國，因此不斷製造事端以激怒中國人的反抗來挑起戰爭，然後想以戰勝國的姿態奴役中國人（如同奴役台灣同胞一般）。直到爆發

了七七盧溝橋事變，全國同胞對於日寇醜陋殘暴的行徑終至忍無可忍，乃掀起同仇敵愾全面抗日的決心，打了八年的苦戰，贏得最後的勝利。

迄今不過半個世紀，新一代的日本人又起野心，蠢蠢欲動又想侵略中國。有心人士動作頻頻：諸如赴靖國神社參拜侵華戰犯、修改教科書將"侵略中國"改成"進出中國"、否認有南京大屠殺、侵占中國的釣魚台列島、認為"慰安婦"是"自願"的……等等不一而足。種種作為都在鼓動風潮，待機而動。

同胞們，向這般根深柢固而又蠻橫的海盜自稱「日本」，我們有必要跟著稱它「日本」嗎？當年他們侵華時叫我們"支那"而不稱"中國"，我們為什麼不名符其實地叫他們「倭寇」？我們有權利這麼做，我們要讓後代子孫和各國民眾都認識它的真面目，我們要呼吁政府和媒體，從此改叫「日本」為「倭寇」，因為這樣才真正符合他們的身份。

各位親愛的同胞，日後為文寫作遇到「日本」這兩個字時，就把它寫成「倭寇」。因為「日本」是「倭寇」，「倭寇」就是「日本」！

孫大公

後來孫先生也寫一封信給筆者，寄來不少資料，也叮嚀很多事，二〇〇七年他已是

七十六歲的阿公，還惦念著民族興衰，如何不叫人感動！

正當南京舉行大屠殺事件紀念會，有一倭國僧人叫大東仁的，專程到南京，向紀念館提供他所蒐集的十六件珍貴史料。在此之前，他已提供紀念館一千餘件文物資料。

大東仁表示，自己之所以願意這麼做，是出於對自己的母國發動侵略戰爭的反省。顯見倭人仍有能反省者，但這不夠，這只是億分之一人的反省。全球中國人仍要有更大動作，才能促使倭人全面反省。

何謂「全面反省」？正式道歉、賠償，對所有死難者及中國的損失完成賠償，這些事德國已對猶太人做了。為何倭國有能力不做？或是根本多數中國人覺得無所謂…反正已過去了。若然，則類似事件還會再發生，不知哪一天！

福成吾弟：

知道你因經濟因素不得不將"華夏春秋"停刊時，真是為你的雄心壯志挫展，為孤島内孤義之声感到惋惜，憂好在其他報誌仍多，你的文采仍有園地可筍發揮。

日本人從明朝開始就大舉入侵中國，當時被稱為「倭寇」，"明治維新"以就在圖謀征服全世界。他们的絲線是——攫取朝鮮，佔領中國招服全世界。自九一八始到無條件投降，倭寇殘殺了千百万中國人。

可是他们至今沒有懺悔，诬認为一日还是要佔領中國，所以現在日常的一切篡改歷史的舉動，就是為未来再度殘殺中國人做準備。

我所最惹中國人的收集和世人喪失警覺，因为非常赞成对日本人開始戰慄的宣传，特等里剪報给你，以及两份「南京大屠殺」的DVD碟，作为你以後為文修改、补可拷貝充饷的媒送給有需佳和人員用作宣傳，看。日本人的真面目有夠的殘
（只可惜沒有翻譯成中文，同時不知修拷貝是否可用作電視放映？）

祝你
就春愉快
再接再勵
孫大公
2007.02.15

中華民國八十五年十二月十五日　星期日

世界日報是北美洲銷售量最大的中文報紙，廣告效果宏大

納粹黨員的南京戰爭日記

趕譯珍貴史料
「紀念南京大屠殺受難同胞聯合會」

本報記者／潘嘉珠

具有德國納粹黨員身分的德國商人約翰．雷伯（John H. D. Rabe），在一九三七年十二月南京大屠殺前後，擔任「國際委員會南京安全區」主席，他親手撰寫一份長達兩千多頁的「戰爭日記」，詳盡記載了當年日本軍人在南京進行屠城的慘事。這份從沒有曝光的日記，在戰後由雷伯親人收藏長達半世紀，為至今仍為日本人所否認存在的南京大屠殺，提供最新的證據，經過紐約「紀念南京大屠殺受難同胞聯合會」近半年鍥而不捨的努力追蒐，終於在十二月重現世人眼前。鑒於戰時曾與德同為「軸心國」盟國，敵為納粹黨員雷伯的當時屠殺日記篇條，更是具有高度的真實價值，聯合會在十一月初取得部份日記影印本後，初步譯出的日記資料已顯示日軍在南京的凶殘獸行，聯合會正在加緊趕譯這份雷伯的這份德文日記，期能讓世人全面詳盡瞭解慘案真相。

由於伯雷在當時的南京安全區所擔負的特殊職責，以及他的國籍，儘管他在日記中所披露的僅以安全區中所發生的事實為重，並且要保障安全區的中立與安全性，他向佔領南京的日軍，只能進行的非常具有保留的強和抗議（他曾在日記裡向德國元首希特勒所做的報告中坦承、向日方提出函件的措詞，被委員會中的國際人士認為是摻和了「蜜糖」、有所保留），但是他在日記篇下所透露的戰爭事實，讀來依然令人心生畏懼。聯合會認為，在該會歷來所蒐集的相關南京大屠殺的史料中，這份日記頗具客觀性，而它載錄內容的真實性，也葉得起考驗。

目前主要負責翻譯「戰爭日

記」的聯合會總幹事邵子平表示，雷伯的日記原件共分八卷。在經過多方追查聯繫後，由紐約、伯雷的外孫女萊茵哈特夫人陸續自柏林寄給聯合會，再由該會專人翻譯為中、英、日文，向全世界揭露日軍在南京的暴行，供各界學者研究。

萊茵哈特夫人專程自德國飛來紐約，於十二月十二日慎重的將「戰爭日記」及伯雷的檔案記錄，藉給耶魯大學特藏室保存。她表示，祖父紐翰．伯雷當年是以相當嚴謹及審慎的態度，記錄下當年南京城所發生的事，披露中國民眾在南京所遭受到的種種災難。

在伯雷給希特勒的報告中透露，考慮並決定寫下「戰爭日記」的時間是在一九三七年八、九月間。雷伯在當時是任職德國西門子公司駐中國總代表，他原本認為「盧溝橋事變」和過去一樣，是多次發生的地方性事件，可以很快的就地解決。但是「盧溝橋事變」的發展不同於以往，在南京他臆臆聞到戰火的逼近，決定記錄下所聽所聞的身邊事，為歷史留下一份見證。

「戰爭日記」是從一九三七年（民國廿六年）九月間的撰寫，日記裡記述國際委員會南京安全區的建立經過，委員會獲得包括

美國、英國及德國大使的同意設置，並知會日本大使：伯雷同意出任委員會主席，維持安全區的安全，協助安頓中國百姓。在他厚厚翔實的日記中，一九三七年十二月十四日南京城陷當天，伯雷便有長達十頁的記載，清清楚楚的記錄下，日軍佔領南京後的種種令人訝異、驚悚的暴行。

（大林第S4頁）

ESDAY, JANUARY 30. 2007　世界日報

十年磨一案　日軍檔案終解密

史維會努力有成　十萬多頁文件　包含二戰時日731部隊細菌戰、南京大屠殺等罪行

【本報記者李大明聖地牙哥報導】今年1月12日，由美國政府籌組的一批德國與日本皇軍戰爭罪行歷史檔案正式解密，向公眾開放。這批約計十萬多頁的文件涉及日軍731部隊在中國東北進行細菌戰、1937年12月南京大屠殺檔案等彌足珍貴，不僅備受學術研究者重視，而且對銘記慘痛歷史實、粉飾侵略的日本右派也是當頭一棒。

從1997年起全力推動這批檔案解密的聖地牙哥「抗日史實維護會」（APHAFIC為其分支組織）的統一行動，當時各地分會皆分工合一之路，同步進行。北加州方面有丁乃、李玉玲等人遊說代表加州的國會參議員范士丹，南加州由羅鼎輝、孟憲嘉、吳�等人聯絡代表聖地牙哥市的國會眾議員比爾伯瑞（Brian Bilbray）。橫跨方面則由華家熙（後於2005年逝世）。

關於這一點，中國多個有關部門組成的資料調查工作組（Interagency Working Group、簡稱IWG）分別完成繁瑣解密的程序，同業將相關十萬頁的文件解密。這些部門包括國務院、中央情報局、聯邦調查局等均收集存放於馬里蘭州大學城內（College Park, MD）的國家檔案館研究室，

於是，內容相同的參議院S1902號提案、眾議院HCR126號提案、分別由范士丹與比爾伯瑞等人在所商討出，正式要求美國戰後取得的日本戰爭罪行檔案公諸於世。雖然原案在國會交付表決時大致順利，但後逐得通過，由由總統簽署成為法律，加上比爾伯瑞2000年乎乎達任先期，提高的質讓激揚慢慢，令人「石沉大海」之感。

此後七年，由的美國多個有關部門經過資料調查工作組……

與APHAFIC緊密合作、爭取上這些文件解密的吳編瀚秋放發、「死工廠」（Factories of Death）一書作者，美國對公佈這批歷史檔案有期盼，是因為美國在冷戰時期壓扎與利用日本731部隊的細菌戰研究成果。真是可恥的731部隊害人……人、殺人醫師！石井四郎中將只以向美國占領軍提出這些成果，爭取到自己從寬發落。

然而，良心與正義在迢遙歲月的努力中上揚，這批珍貴的資料（包括文件、電報、照片、日記、報導、證詞、審訊紀錄等）終於以歷史天日。

身為美國陸委的助理專家的眾編瀚秋，「十年成一案」，實在終於令人長期處理往鄉歲月的艱辛，「盧山真面目」。

B6　二〇〇三年三月九日　星期日　世界日報

戰爭與罪責　日軍侵華暴行實錄

李長江／安那罕

筆者曾在喜瑞都圖書館日文書架上，發現本欄有 SENSO TO ZAISEKI 一書，一時好奇取下細讀，原是本精裝日文書，其封面恰如英文拼音「戰爭與罪責」。翻開目錄，全書共17章359頁，書中所載全屬日本侵華暴行，1998年8月初版，2002年再版11次，暢銷書，由岩波書店發行，作者田口正彰1944年生，是位專業醫師生慶大學教授，就讀醫學院時專攻比較文化精神科。

作者在序文中開示明義地說，「掠奪、暴行、放火、誘拐、虐殺」，是侵華日軍在中國普遍所犯行。此書內容真實，因作者自1993年初夏起，走訪取時曾在中國曆史上曾非人道滔天大罪，而以今懺悔之官兵。在訪問過程中，作者逐細顧當事人敘述、邊作筆記，然後逐項記，親至中國實地查詢對證。

數年中他曾往訪東北，原「七三一細菌部隊」舊跡、撫順嶺區集體活埋中國人「萬人坑」，以及南京大屠殺紀念館與民間。所到之處，經證實其與日兵亦言相符，遂將人證物據彙編成書「戰爭與罪責」。自1997年2月，連載於日本「世界周刊」，趕在1999年8月，日本戰敗53年週年發行單行本。

作者在書中每每用「敗戰」，非如一般日人稱「終戰」。時值極右翼篡改侵華史，方興未艾之際，該書雖問世卻高價遭遇，惟遭右派圍剿，則不言而喻。但該書卻極廣受大眾肯定，一時成洛陽紙貴。

筆者自圖書館借閱兩週仍意猶未盡，遂往洛城小東京書店見兩，數套書店供無斷者，辛得一店家話可代向日本訂購，兩週後以原價之三倍購得此書，但極值得。

該書第15章「父の歌爭」的主角大澤雄吉，戰時為憲兵准尉。曾經淪陷區的國人同胞，每聞日本憲兵，多如談虎色變。大澤自九一八事變而「七七」，中日戰爭14年中，他橫行於中國達12年8個月之久。因他是憲兵，非同一般戰俘兵種，故長期遭他殺害者都是中國平民、或抗日分子。

事趨滄巧，筆者40年前自日本收藏保存一幀日本軍官砍殺一中國少年的照片，兇手正是大澤雄吉。大澤在中國與護士結婚，生兩男一女，女兒菱子1947年出生，有關大澤的故事，多由後住中華女教師女兒菱子向作者提供。

據菱子回憶，自幼到中學畢業的十數年中，父親幾乎夜夜惡夢中驚醒全家，惡夢多與以往在中國，曾犯罪行有關。大學畢業後，她更暸解父親對以往所犯罪行悔恨不已，故戰後返國，即成極端反戰者。大澤全面否定並憎恨昭和天皇，認為昭和主導侵華，造成無可彌補之人間悲慘歷史，更對當時竄改侵華史者，痛恨至極。

大澤雄吉於1986年，71歲時因食道癌過世。於彌留之際，他勉強拔掉點滴管，從枕下摸出事先用鉛筆寫好的字條，交予病榻旁女兒，自責造孽深重，愧對中國人。字條上說：「戰後迄今40年，日本未曾向中國道歉，我不道歉，焉能瞑目九泉？」囑女兒照此字條，刻在其墓碑上。大澤菱子，因受父感召，完成了兩部以日本侵華為背景之小說，出版於父親死後七年之1993年。

筆者盼望，指日文之滅日、媚日派，能藉著一讀此書「戰爭與罪責」，瞭解有關軍國日本加害中國之史實。

尹家三兄弟捐名畫　為史維會籌款

金山華埠十日辦紀念七七事變及義賣籌款活動　盼各界支持

【本報記者葛康賦晉金山報導】抗日戰爭史實維護會將於10日（星期六）上午10時，在金山華埠花園角廣場舉行「七七事變」紀念儀式。同時，史維會將為籌辦運作款項，亦將舉行義賣籌款活動，灣區熱心人士尹集成、尹集鈞、尹集意三兄弟，特別捐出名家珍板橋的畫作收藏，以響應會長廖源球的號召。

廖源球6日表示，社區熱心人士的踴躍支持，目前已經起了拋磚引玉的作用，他十分感謝，也希望各方繼續踴躍響應。他指出，目前除了鄭板橋的名作外，尹家三兄弟還捐出了骨董大型瓷器花瓶以及黃山射職崙山石等珍貴收藏品，各價值不斐。

廖源球表示，日軍侵華暴行，昔日的仇恨仍然深埋在每一個有正義、有良知的中國人心中。而面對被日本軍國主義者「宜改得面目全非的歷史」時，想到日本政府「厚顏無恥的抵賴和狡辯」時，如何能不讓中國後代子孫「發出憤怒的吼聲？」

主辦單位指出，日本軍國主義自1931年在瀋陽發動「九一八事變」開始，便有計畫地逐步實行其吞併中國的妄想，開始侵略中國東北，成立為滿州國，並在中國各地燒殺搶掠長達六年之久。1937年7月7日，日本軍閥再度挑起「盧溝橋事變」，中國國民政府終於在全國軍民忍無可忍之下，正式宣布對日抗戰，從此全國上下一心、軍民一體，為保衛中國領土、中華民族的存亡，奮起抵抗日軍的侵略長達八年之久，最後終於在1945年獲得勝利，大家因此都在年年的七七前後舉辦紀念活動。

廖源球特別謝謝僑區民眾過去對史維會的支持與鼓勵，由於大家的參與，可以使每中華民族浩氣長存，更扶舉了維護抗日戰爭史實正確性的勇氣與決心，而世界各地史維會對於日本政府求償的官司也將不間斷地持續下去，而這些都需要愛國志士不斷在精神以及經濟上給予支持。

明年的8月15日就是對日抗戰勝利60周年的紀念，金山灣區將積極籌款須須紀念事宜。廖源球也指出，今年的九一八紀念，中國大陸更是開放北京人民大會堂，作為每兩年舉辦一次的九一八事件全球紀念大會場所，包括北大歷史系、國務院僑辦以及盧溝橋紀念館都會一起參與這項盛會。

「南京大屠殺」圖片展

歷史維護會發起捐書捐款活動

【本報記者王晉雲亞弗迪亞市報導】歷史維護會洛杉磯分會4日起假南加州中文學校聯合會舉辦國語演講教師跨期朗誦比賽之際，推出「南京大屠殺」圖片展，吸引老少參觀，不少小學生表示，他們不願每日本軍國這麼可惡。

該會會長威大成指出，該會使命在促使相關政府單位教科書增加日本侵略亞洲史料。支持相關研究及教育，收集並流通資料。爭取日本政府、軍方正式對受害人道歉和賠償，以期結束此懸案。當天推出該展，希望能加強學會中小學生對這段歷史的認識。

該會財務余占正說，該會理事除鄭鵬外，尚有白人、菲裔、日裔、韓裔等，大家都很支持該會維護史料的活動。

該會目前並發起捐書或捐款活動，希望全美各大圖書館都藏有「南京大屠殺一歷史照片中的見證」一書。

該書精裝本每本50元，惠者可洽談會，地址：Alliance to Preserve the History of WWII in Asia-Los Angeles，P.O. Box 862283，Los Angeles, CA 90086。電話：213-687-9911。

Robert M.D.

抗日戰爭結束後的感想

張光明／西柯汶納

自1937年中國對日抗戰至今，我們中國人尚未為這場民族存亡絕續的八年血戰，傷亡超過3500萬人的戰爭，留下任何一部客觀、公正、完整的翔實紀錄。

67年歲月流逝，對這一場空前慘烈，歷時八年的民族戰爭，到今天在中國大陸上，至少有十億人不知道這段歷史真相。這是中共特意扭曲、湮沒抗戰史實使然。希望中國人和世人瞭解，領導全國國軍八年抗戰勝利是中華民國，而不是中華人民共和國。在1945年日本投降、抗戰勝利時，還沒有中華人民共和國。

在八年拋頭顱灑熱血、救亡圖存的血戰中，犧牲三千餘萬軍民，他們都是中國人、是同胞，要在歷史上還給他們一個公道。

對台灣兩千多萬同胞而言，八年抗戰的事，他們值得知道是歷史課本上的一個空洞概念而已。目前台獨推行「去中國化」，割斷中國的歷史文化，爾後恐怕連這個歷史上的概念都沒有了。

如沒有八年浴血抗戰的勝利，就光復不了台灣，也建設不成今日的台灣，更莫說台獨的餘地。台灣同胞應該瞭解珍惜這段歷史。

對侵略的日本而言，至今六十七年，從沒有對這場血腥侵略戰爭認錯，並且竄改歷史、扭曲真相，矢口否認是侵略者，並仍存有對中國人藐視的霸道心態。不認錯、不賠償，我們認為這是天下最不公道的事。日本如不撫平被害者的創傷，將成為民族的永久仇恨，必將無寧息之日。不公道就會失去和平。

對西方人而言，在二次世界大戰中，它們只記得「珍珠港奇襲」、「敦克爾克大撤退」、「諾曼第登陸」、「硫磺島浴血戰」。但是對於在二次世界大戰期間，人類有史以來最慘烈的廝殺戰中，中國人在幹了些什麼？提供了什麼？卻懵然無知。

略戰爭認錯，並且竄改歷史、扭曲真相，矢口否認是侵略者，並仍存有對中國人藐視的霸道心態。不認錯、不賠償，我們認為這是天下最不公道的事。

在這場最大規模世界大戰中，如沒有中國八年的浴血抗戰，在中國戰區牽制百萬日軍，盟軍方有先行收拾德、義，然後再收拾日本的時間，方結束了大戰。世人不能漠視或忘卻在這段歷史上卓越貢獻的真相。

我們希望把這一經歷，能有一部完整紀述，傳閱中國人後代和世人。我們無意重揭傷疤、製造仇恨，只想把歷史還給歷史，讓真相相歸於真相。今天還活著的中國人，有責任要為抗戰犧牲的三千餘萬亡魂，討回公道。天地悠悠，人生幾何？中國人，你應該怎麼想，也應該怎麼做！

歡迎讀者以電子郵件投稿
南加論壇電子郵件地址：
forum@cdnnews.com

洛城舉行紀念七七抗戰67週年大會
籲日本為二戰罪行道歉

【本報記者陳曉春洛杉磯報導】洛杉磯榮光聯誼會和八年抗戰理事研究中心27日舉辦紀念七七抗戰67週年大會，紀念中華民族抗日戰爭的卓越功績，並呼籲日本必須正視歷史，為二戰中的戰爭罪行道歉。

紀念大會以演唱抗戰歌曲的形式開幕，丹尼斯音樂中心及多名音樂界人士先後演唱：黃水謠、游擊隊之歌、松花江上、大刀進行曲、抗敵歌等抗戰歌曲，並邀請政論家鄭浪平做專題報告。

鄭浪平指出，不久前舉辦的諾曼第登陸60週年紀念活動，德國總理應邀參加的場面引人矚目，顯示德國已接納並正視二戰的歷史，誠意地向受害者道歉，因此也被世界各國所接受，允許其總理參加二戰紀念活動；但在太平洋這邊，當年參加二戰的日本至今還在竄改歷史，拒絕為日本軍國主義的罪行道歉，並且肆意模糊中國在二戰中遭受的傷害和恥辱，以使中國對二戰「失憶」。相反地，日本還增加軍備，

爭取可以對外宣戰，試圖建立新的法西斯。

鄭浪平說，目前亞太地區一直沒有正視抗日的歷史，中國人對抗戰至今仍存在「迷失」。實際上，中國人在二戰中付出最大的貢獻，開戰最早，遭受最大損失，卻得到最少的援助。

他說，甚至最近，台灣舉辦黃埔建校80週年紀念活動中，部分台獨人士竟然宣稱，「黃埔在抗日中沒打過一場勝仗，全是敗仗，才有今天的局面」。

他強調，事實上，黃埔軍校正是抗日的主力，是當年國民革命軍的主力，甚至當今的中國大陸解放軍，也有當年黃埔的血統和基因。

洛杉磯華人聯絡會副會長王勝生表示，當年國共合作，才有抗戰的勝利，抗戰勝利了才有台灣的光復，而抗戰阿Q精神正是中國人不打中國人。但今天，美國少數政客在暗中鼓勵台獨，日本也暗中支持台獨。如果台海兩岸不能聯手合作，亞洲的安全和穩定會受到威脅。

二○○四年六月二十八日 星期一 — MONDAY, JUNE 28, 2004　世界日報

防珠海賣春事件重演　不歡迎不良日本人入內
希爾頓樂場門口　攔日軍下晚像

【本報長沙訊】湖南湘潭市一家新開張的娛樂中心，在大門外增設一條經過日軍投降牌的通道，兩手高舉投降的「本娛樂中心不歡迎不良日本人入內」字樣的牌子，老闆發稱是

為了防止珠海賣春事件重演，不歡迎不良日本人入內。

老闆田氏對《長沙晚報》記者表示，他來設資興建娛樂業，也特地花了四千四百多萬元人民幣在抗日中犧牲了二百八十八名日本人在珠海

為防止珠海賣春事件重演，娛樂場想自己事件在娛樂中心發生，同時的娛公寓客。就做法是不讓日軍下一口氣，就做死是不得不攔投降牌。

是民族自尊心。田氏說明此舉重要的是：一是不能讓受傷害一有人認為中國人不能再受傷害，亦有人質疑有沒有做過記念？

湘潭大學國際關係研究所所長吳春嫩一教授認為，應當不讓日本人質疑有沒有

開此罪事件：遠離想自己本人不要在娛樂中心去做挑戰事件公害牌子目面明去被挑戰夫。不讓你們一口氣，就殺者，不尋找尊嚴或

政府應該設有精國團體私、無法式不合適不道地，可能讓日本民眾真不同一想法則的的爆，不良來歡中國人民應加以嚴家，自行撤抱牌像。

第七章　積極參與反對「日本入常」的全球活動

孫大公先生在美國除積極揭發南京大屠殺真相，運用各種管道宣傳，另有反對「日本入常」也是他努力參與的活動。所謂「日本入常」，是二〇〇六年間，倭國在國際四處活動，企圖成為聯合國安理會常任理事國，是可忍，熟不可忍，野獸怎企圖要與人同桌吃飯？

此事在台灣島內似乎沒有引起太多討論，只有台獨份子發表同意日本入常聲明，無奈同類嘛！但在美國乃至其他地方引起極大反對聲浪。我針對孫大公先生寄給我的資料，整理成這篇短文，讓台灣人看看。

有個記者在紐約報導（新民晚報，二〇〇六年十一月十四日），「紀念南京大屠殺受難同胞聯合會」，簽請華人踴躍捐輸，以便該會搜集三種關於日軍南京大屠殺的錄影帶大量複製，發送給各國駐聯合國代表團、美國參眾議員，讓他們知道日本的侵略和恐

怖暴行，以及侵略者至今不承認、不悔過、不道歉的態度，促使各方反對日本晉身安理會常任理事國。該會選擇的三個錄影帶分別是：

第一個，「馬驥的見證」（Magee's Testament，導演王正芳），反映美國牧師馬驥在一九三七年，他於南京大屠殺期間，實地所冒險拍攝的影片。

第二個，「奉天皇之命」（In the Name of the Emperor，編導崔明慧、湯美如），紀錄美國人、日本人、專家、學者以及前日本兵對大屠殺的說法。

第三個，「黑太陽：南京大屠殺」（Black Sun: The Nanjing Massacre，導演牟敦芾），根據史料紀錄，以藝術手法重現史實的歷史紀錄片。

該會負責人在介紹該項計劃時表示，正值全球華人反抗日本侵略中國領土釣魚台之際，尤其不應忘記倭人侵華時死難同胞，不應忘記南京大屠殺。倭國一旦成為安理會常任理事國，就等於宣佈他們過去的侵略和罪行都是合理正當之行為，中國人和一條

該會除將向上述人士贈送錄影帶外，還擬向國際傳媒、專欄作家、智庫、政治人物、社會要人及重要大學、圖書館等廣為贈送。每套錄影帶（包括三部）認捐費為六十元，捐款可以抵減所得稅。

支票抬頭：AMVNM，地址 P. O. Box 520194, Flushing, NY. 11352–0194。詢問電話：（914）921–2933；（718）358–8576。

中國人是可殺可辱的，如此中國人和一條

狗又有何不同？又有甚麼機會崛起於廿一世紀？有甚麼資格說是炎黃子孫？有何面目說自己是有五千年文化泱泱大國之子民？

而反之，倭國多年的歷史翻案工作，便獲得全世界公認。未來他們大可對自己的國民、後代子孫說∵二戰時，日本是被中國侵略的，八年戰爭是中國人自己製造挑起的，而南京大屠殺根本虛構，就算有死幾個人，也是中國人自己打架打死的，現在日本右派都這麼說的。

在洛杉磯有記者吳忠國報導，全球大串聯一起向日本進聯合國安理會「嗆聲」簽名活動，兩個月來已收集到四千二百個簽名支持，反應熱烈。「洛杉磯第二次世界大戰史維會」宣佈，他們將進入第二階段，大型報導日軍二戰罪行，讓美國人民理解倭國在二戰的恐怖罪行，與納粹屠殺猶太人相同兇殘和血腥。

主辦單位「史維會」原設定百萬簽名，結果超乎想像達到四千二百萬個簽名，士氣大振。理事長臧大成、理事黃授良，及日裔理事山中譽中出席記者會，呼吁大家再接再厲，第二階段目標是「報導日軍罪行」和「募集十萬元經費」。

臧大成提出中國名言，「一失足成千古恨、再回頭已百年身」，呼吁倭國小泉首相趕緊懸崖勒馬，以免越陷越深不可自拔。他深具信心認為，讓美國民眾認知到倭人在中

國及各鄰國的暴行，這是中國人向民族歷史交代的負責態度。

日本至今仍是「帶罪之國」，因其不認錯、不道歉、不賠償，將使這個民族永遠活在世人指責，活在黑洞中。同樣發生屠殺猶太人的德國，他們早已完成認罪、道歉和賠償的工作，德國子民在全球各地受到的尊重必然不同，他們也有全新的未來。

當這個反對「日本入常」活動正開展之際，孫大公寫一封信給「史維會」會長臧大成和理事黃授良先生，該信見「在美國致力揭發南京大屠殺真相」一文中，孫先生除積極支持，並附一小張支票及表明要當該活動的義工。直是江海不擇細流啊！反對倭國入常的簽名能達四千多萬就是這一個個小老百姓願意站出來的結果，產生一種極大的春秋大義力量，正是古人謂「微言大義」之意。

也大約是小泉純一郎任倭國首相時，我原住民立法委員高金素梅，率領一百八十原住民在大阪地方法院，控訴小泉參拜靖國神社違憲，又到東京靖國神社要求迎回祖靈，

可以想見是沒有結果的。但吾人贊揚此種義舉，如高金素梅所言：「我們的聲音雖小，

不過我們的決心不變！」

歷史與社會公義的維持，春秋大義之彰顯，便是由許許多多像孫大公、高金素梅這

樣有正義感的人，勇於站出來，願意成為一滴水、一涓細流、終成大江海，產生大力量；

那些腐敗、邪惡和黑暗勢力，見正義壯大，自然就退縮或消逝了。讀者諸君！以為然否？

他接受讀賣新聞訪問說：「日本人過於強調自我，凡事以自我欲望為主，來從事政治和

民粹主義。而透過這次的海嘯，若能一次清洗這些執著，我覺得或許這是一次天譴。」

正當我在校訂本書時，倭國發生空前大海嘯（大地震、大火災、核爆炸等），仍倭

人史無前例的大災難。是時，東京都知事石原慎夕郎竟「良心發現」，說「海嘯是天譴」，

（中國時報，二〇一一年三月十五日Ａ２版）

石原真是良心發現了，這確是天譴。試問，倭國給全亞洲人帶來比這次天災人禍多

億萬倍災難，他們說聲道歉嗎？

第八章　孫大公先生退伍後在土木工程界的服務貢獻

本書所寫這位台灣當代投筆從戎的典範人物，諸多足為現代青年學習的行誼，尚未談到他在民間工程界的服務貢獻。本文略說他在這個領域的事蹟，按年代分述如下：

一九七二年申請退伍時之奇遇

按照四年新制陸軍官校之法規，在學生畢業服務軍中十年以後隨時可申請退伍。孫君在一九五九年陸官校畢業，至一九七二年已超過十年，而且投筆從戎之初，志在部隊中為國效勞，如今在陸官校教書十年，屢次請調至裝甲兵部隊皆被勸阻，於是決心「申請」退伍。但陸軍總司令于豪章將軍召見面諭：「你是陸軍的標桿，豈可輕易言退，給

你一年考慮後再說！」這是別的學生沒有的「殊榮」，只好再多服役一年。

此時要退伍之消息外洩。某日有兩位陌生人來孫家拜訪，自稱是青年救國團的處長，來請孫先生出任建設局長，云目前全台有三個市（基隆、台中、高雄）的建設局長因判刑出缺，希望孫君擇一而為，孫君極為驚詫，詢問此事從何而來？答云：「我們已調查過你清廉又無派系，極適合擔任一般人視為『肥缺』的局長。」經深入詳談後，他們帶孫君去見基隆市的陳正雄市長，陳市長非常高興，請孫君儘快上任，希望在他市長任內對基隆的建設有所建樹。正巧此時于總司令命孫君延長服役一年再考慮退伍事因，不能擔誤陳市長之正事，即婉拒了建設局長職務。不過一年以後基隆市另立一個工務局，陳市長再邀孫君接任局長，可是孫先生已擔任葉財記營造公司總經理，只好再度婉拒了。

一九七三年退伍以後

(一)退伍後即被延攬至土木工程界服務

葉財記營造公司是台灣有名的房地產開發公司，其董事長葉根林在孫先生退伍後即請他去擔任總經理督導興建大廈和工廠。因為他以前在教學界服務多年，實務經驗不充份，所以他後來選擇不同性質的公司去服務歷練，最後遠東集團的創辦人徐有庠先生請

孫先生去督建當時亞洲第一座四十層高樓之「遠企中心」（台北敦化南路），並擔任遠揚建設和遠揚營造兩個公司之總經理七年（一九八二～一九八九）。

（二）在各大工程公司擔任總經理之間有一段空間，孫就自組公司去沙烏地阿拉伯國尋求工程機會。一共去了九次，每次都找到絕佳之賺錢機會，可惜人單財薄，掌握在手中的工程都會從指縫間溜走。孫君曾開始笑說：「國父孫中山先生革命十次才成功，我也會在第十次成功。」可是事與願違：在第十次孫君已與幸福水泥公司創辦人陳兩傳合作，負責安排與沙國之皇親簽約在沙國合作承包工程，當一切準備就緒即將啟程之前，突然政府批准幸福水泥可開始建廠，彼時幸福水泥之人力財力只夠辦兩件事中之一件，陳董事長徵詢孫君做哪一件好？對孫君說去沙國做工程已成定局，不去則一切成空，但是建廠對陳董來說卻是永久之計，孫君毅然請他建廠，而孫先生因不能去沙國踐約即被沙國禁入，從此就失去了第十次成功的機會。

（三）在來去沙國途中都會在中間站星加坡暫停，由至友亞新工程顧問公司董事長莫若礪之介紹認識當地工程界人士，因為孫已被沙國禁入不能再去，大家就聚資在星成立公司承包工程，由孫君擔任總經理，一切談妥，此時忽然遠東集團徐有庠先生請他去督建四十層樓之遠東企業中心。孫與之並無淵源而獲此信任，甚覺榮幸，遂應允留台，放棄

星加坡待遇優厚之職務。

一九八九年以後

(一)孫先生辭去以「遠揚」為名的兩個公司總經理職務以後，就飛去美國與家人團聚，同時受幸福水泥公司董事長陳兩傳之托在美國找土地，他要和孫在美國成立公司，由孫負責買賣土地。

孫在半個月內找到他滿意的土地，只要過戶手續完成後即可轉賣給等著買的新買主，利潤是五百五十萬美元。陳很高興，於年底前趕來美國看土地，但數日後他必須返台，因為幸福水泥公司的股票馬上要上市，他要趕回去親自主持。孫先生送行時他向孫要了一張孫的空白支票，他說回台後可把購地款匯入孫的支票帳戶，由孫先生繼續操作此購地案。可是他返台後未見款匯來，經電詢，方知台灣股市正暴跌上萬點，他本來準備買地的錢已全數用來拉抬自己公司剛上市的股票，因此這原可暴賺的土地案也就無疾而終了。

(二)台灣歷史悠久著名的遠東百貨公司總經理退休後自組一個國際投資公司，專投美國的房地產。因其在百貨業界是出名的廉潔和信譽卓著的硬漢，所以很多業界的大佬都紛紛投資，孫也想搭個順風車投入了他的積蓄，當時世界榮景，估算兩年不到即可翻一

倍，豈知人算不如天算，突然在一九九〇年日本經濟泡沫破滅，拖累全球經濟暴跌，美國公司紛紛倒閉，他們合伙人有八十多年歷史的公司也慘遭滅頂。

在孫經歷很多利潤極高的個案中，每個都掌握嚴謹，卻個個從指縫中溜走。他自我檢討起來是「有運無命」，真所謂「生死有命，富貴在天」信然！

（三）一九九三年赴中國大陸辦合資公司

台灣開放返大陸探親之時，大陸對台胞是用紅地毯相迎。孫君本想回去把杭州西湖邊上的祖產申請發還（時值人民幣億元以上），但恐影響官校同學和他教過的學生們因他返鄉之故而妨礙了軍中的升遷，所以雖然沒有人請孫暫勿返鄉，孫也自我節制沒有回去。

直到財政部長郭婉容率團去北京開會，同時立法委員等紛紛前去大陸，孫才在一九九二年首次隨旅遊團回鄉探親祭祖，可惜那時「台胞」已成「呆胞」，祖產要不回來了！

大陸除歡迎台胞探親之外，更歡迎台胞返鄉辦企業，因當時大陸什麼都缺、尤缺電力，所以他好友企業家劉容西先生在孫先生的家鄉杭州與當地五個專業公司談妥合資創辦「杭光機電工程有限公司」專建火力發電廠，從設計到建造一氣呵成，並請孫一人代表台資公司去杭州做總經理。

開幕典禮轟動全城，可是孫一個人要和當地五個不同的合伙公司派來的員工共事，

其困難度可想而知，特別是發現全國緊急要建電廠，卻都欠缺資金，這樣公司不知要等到何時才會有工程可做，於是改變坐等策略，積極向國外尋求投資商來投資電廠，這樣才會有工程可做，因此緊鑼密鼓，先去全國各地過濾找出條件優良的個案，再去國外覓商投資，如此辛苦奔波，總算在一年內草簽了兩個在千萬美元以上的投資個案。由於過於操勞，健康出了問題，孫先生只好辭職返美療養。

兩年以後孫先生恢復健康，與沖沖地趕去杭州，希望看看新建的電廠，可是公司人員告訴孫君一個廠也沒有建，因為投資者知道孫君辭去總經理職務後就都不投資了。真是白忙一場！

四與友人經手兩個可震驚全球之大案，惜皆未成。

1.用廢棄之稻草、豆梗等，作餵豬之飼料。

大陸某教授發明一種化學藥粉摻在切碎的稻草顆粒中，成為豬隻愛吃的飼料。其優點是：

① 豬隻愛吃甚於普通飼料。

② 豬之成長期與肉質有進步。

③ 此飼料製作簡單，成本低廉（因廢物利用）。

④節省每年自國外進口飼料之鉅額支出。

⑤十三億人口中佔多數之農民可因之脫貧。

此事成效：

①發明之藥粉及養成之豬隻經各著名大學化驗證明成功。

②小型養豬戶已有近一年時間用此飼料餵豬的經驗，亟望政府大規模的推廣。

③孫與友人皆已實地參觀過，各級操作極有成效。

2. 製造新型可增加倍數效能的冷氣機。

全世界目前正在使用大小冷氣機在五千萬台以上，每到炎夏各國都感電力不夠用，但是冷氣機使用的壓縮機效能卻始終無法突破（EER 值只在 2.0-3.0 之間，美國是把此值乘 4 來標示）。

有一位大陸的科技專家發明用低壓幫浦（Pump）代替壓縮機（Compressor）來製造新型冷氣機，其 EER 值可提高現有的二到三倍之多，並且已在各國取得專利權。這種冷氣機的優點太多。如：

①省電五十％以上。

②用簡易幫浦代替複雜的壓縮機。

③大型空調不需冷卻水塔。

④一個室外主機可供應數十個室內風機。

⑤主機與風機可離一百公尺遠。

⑥免費供應熱水。

⑦冷熱轉換自如。

⑧主機向屋外排風之溫度是30℃（目前一般冷氣機是45℃），當室外溫度高於30℃時，還可順便降低城市之總體溫度。

⑨不易產生「退伍軍人症」，因冷空氣不是用室內循環方式。

⑩容易安裝或改裝。

⑪維修容易。

⑫價格平實。

3.以上兩種發明若能具體實施，則其展現之效能可以震驚世界，可以造福全球！可惜最後都因發明者要的條件太高，投資者無法承擔，以至功敗垂成！

臺灣省基隆市政府（函）

受文者：陸軍總司令部

	正　本	副　本
分行		

（簽署）孫大公

發文日期	62. 5. 16.			
發文字號	基府人一字第			
地　址	基隆市政府			

21336號

200

一、以基府人一字第一三五六一一號通知辦理。

二、本府遵照辦理頒發一職本退回繳，黃部所屬……逕宜校承主任孫大公先生……

請仕基函府大札業已另行通過至孫大公先生另予備軍補地方繼辦……

第九章　響應「和平統一、反對台獨」

與「溯源之旅」

孫大公一生以中國人為榮，對於追求中國統一當然是畢生最大且最後之願望。只要有機會給他，他會勇於表達並力行實踐這個全體中國人都期待的目標。

一九九二年於移居美國後首次訪問中國，在大陸國慶日前夕（九月三十日）突獲中央統戰部常務副部長蔣民寬之邀宴午餐，席間除孫一人外，其餘皆為中央統戰部及北京市統戰部之領導。蔣部長談話之重點集中在中國經濟起飛之現況及未來，孫也將台灣經濟起飛過程比照作答，多所分析。逾二日北京統戰部長在「北京飯店」頂樓邀宴午餐，也僅孫一人為客，據告在此場地邀宴為部裡最高級之層級。當時孫先生的同班同學皆在台灣陸軍裡擔任重要軍職，顯然他已被當作重點統戰對象。

一九九三年在杭州主持「杭光公司」仍與蔣部長有往來。

形，鼓勵同學多作實地觀察。

自從在陸官校執教十年後，目前台灣陸軍總司令和高級幹部，以及爾後十年的總司令和高級將領都會是教過的學生。每次孫返台辦事或訪友經常接受這些學生（自國防部長以下）的聯合敬師宴，被視為彼等之光榮，因為這位老師會是大家心目中的偶像。

二○○一年自美國率領「黃埔軍校旅美校友訪問團」返國作「溯源之旅」。預訂行程是北京、廣州、南京、上海，參觀與黃埔軍校有關之各種史跡。因是新制陸官校友首次組團返國訪問，故甚受中共中央重視。

全團抵北京機場後即受到非常隆重之接待，三週內所到之處皆住五星級旅館。每人一房。各地之領導會見後都享以有如國宴之待遇。每日皆有專人專車接送。中央電視海外台及各地廣播電台和報社記者都隨時採訪報導。另有醫護隨團照料。因此浩浩蕩蕩所到之處都受到官方和民間之熱烈歡迎。

台灣在李登輝和陳水扁當政以後，數典忘祖，逐漸走向台獨，甚且卑顏屈膝向美、日靠攏，以冀獲其卵翼，繼續在小島上當他的高官。此舉大大破壞了中華民族的團結，也削弱了國家的力量，中共更是憂心重重，深恐台灣被分離出去，亟盼有志有識之士共

一九九四年因病返美療養期間活躍於「黃埔軍校」旅美同學會，講述中國之進步情

同參與譴責。

孫君自幼即以身為中國人為榮，期望在有生之年能見到祖國洗涮百年被列強欺侮之辱，也望在此翻身洪流中能貢獻一己棉薄之力。但際此全國轟轟烈烈邁向國富民強之時，卻有宵小賣國求榮，硬要把台灣國土分裂出去，並把兩岸同胞之生命置之不顧，寧可開戰而不願和平，是可忍孰不可忍！因此在率領黃埔軍校旅美校友首次訪問中國之時，不顧「綠色恐怖」，挺身而出，經由中央電視等第四台之訪問，向全世界昭告他及團員之心聲──「和平統一，反對台獨」。

在北京時有四位中央部會長──中央統戰部長王兆國、國僑辦主任郭東坡、國台辦副主任王在希，及民革副主席朱培康──分別與訪問團會談並賜宴，都對孫先生之發言加以讚賞。

到廣州後有廣東省統戰部長彭禹賢及黃福春、楊正根、陳安文等參與會談，亦發出「和平統一，反對台獨」之呼聲。之後到孫中山紀念館、黃花崗七十二烈士墓及黃埔軍校舊址參觀，緬懷先賢推翻滿清之艱辛，感觸頗深。翌日赴深圳參觀，有統戰部長廖文接待。

在南京時有江蘇省統戰部長林玉英與訪問團會談並賜宴。再有江蘇省海外交流協會

會長黃翠玉亦如是。

爾後訪問團攜帶花圈至中山陵晉謁國父，全體團員穿著整齊制服、敬禮、讀祭文、獻花圈、呼口號，皆由各種媒體加以傳播。參觀南京大屠殺紀念館後，全體團員血脈賁張，對日本人之殘酷和死不認賬，皆刻銘在心。最後對大屠殺倖存者倪翠萍和姜根福予以慰問與獻金。

訪問之最後一站是上海，由上海統戰部長黃躍金、金閶珠負責接待，參觀上海各種最新之建設。

二○○一年八月美國洛杉磯華僑為慶祝北京申奧成功特舉行盛大餐會，到會八百多人，其中最受人注目的是孫大公率領的剛從中國訪問歸來的黃埔校友，因為這是五十多年來第一次有台灣陸軍官校畢業的黃埔學生參加由中國領事館主辦或參與的僑界活動，深受各界重視。

孫君在餐會中向僑領們宣示黃埔學生以「振興中華民族，建設富強康樂的新中國為時代使命」。

二○○二年迄今多次號召海外投資家到中國投資，並自費陪同赴華為投資項目考察與談判，總希望中國能日新又新，早日跨身世界強國，為全球帶來大同世界之日。

2001年访问时曾分别参与座谈及赐宴之单位

全国政协副主席	王兆国
全国政协副主席	周铁农
国侨办主任	郭东坡
国台办副主任	王在希
民革中央名誉副主席	贾亦斌
民革中央副主席	朱培康
广东省政协副主席	彭禹贤
深圳市政协副主席	廖军文
江苏省政协副主席	林玉英
江苏省侨办主任	黄翠玉
上海市政协副主席	黄跃金

黄埔军校同学会

北京	李运昌	文强	林上元	黎原
广东	何世庸	何淳斌	何季元	邓新柳
江苏	吴钟祺	张修齐		
上海	李赣驹	黄崇武	朱纯	赵人龙

人民日報　2001.7.5

王兆国会见台陆军军官学校旅美同学会访问团

本报北京7月4日讯 记者李德金报道：全国政协副主席、中华海外联谊会会长王兆国今天下午在京会见了以孙大公先生为团长的"台湾陆军军官学校旅美同学会'溯源之旅'访问团"一行20人。

王兆国首先对"台湾陆军军官学校旅美同学会"首次组织"溯源之旅"访问团来京访问表示欢迎，并对该会坚决反对"台独"、拥护祖国统一的正义立场表示赞赏。同时，希望海内外中华儿女共同努力，为祖国统一事业多作贡献。

王兆国指出，早日实现祖国的完全统一，实现中华民族的伟大复兴，是包括台湾同胞和海外侨胞在内的中华儿女的共同愿望和历史责任。台湾当局至今拒不承认一个中国原则，使两岸关系的僵局无法打破，给台湾人民带来了危害。海内外黄埔同学应当团结起来，反分裂、反"台独"，促统一。王兆国表示，我们将继续贯彻"和平统一、一国两制"方针和江泽民主席的八项主张，加强两岸交流，推动两岸关系发展，加强同海内外一切主张祖国统一的人士和团体的联系，反对台湾"独立"，共同致力于祖国统一事业。

孙大公先生一行是应黄埔军校同学会的邀请来访的。该团结束在京访问后，还将赴广东、江苏、上海等地进行参观访问。

南方日报　2001.7.6

彭禹贤会见美国一访问团

本报讯 昨日，省政协副主席、省委统战部部长彭禹贤在广东迎宾馆会见了美国"陆军官校旅美同学会'溯源之旅'访问团"。

以孙大公为团长的访问团是应黄埔同学会的邀请来访，将参观广州、深圳和东莞。彭禹贤对访问团成员反对"台独"、拥护祖国统一的正义立场表示赞赏，向他们介绍了我省经济和社会发展情况。（黄伟平、林亚茗）

陸軍軍官學校旅美同學會
Chinese Military Academy Alumni Association

二十八期

孫大公
David T.K. Sun

Tel: 949-559-8356
14932 Mayten Ave.
Irvine, CA 92606
U.S.A.

第十章　叱責猶太人忘恩負義

——兼補述歷史上的「反猶太主義」

猶太人亡國兩千年，幾乎被全世界各民族「追殺」，確實可憐且深值同情，但他們亡國而未亡種也讓人敬服。庶民俚語常說：「可憐之人必有可恨之處。」他們從耶穌時代就背著「忘恩負義」的罪印，到底為何如此？

原來早在西元世紀之初，猶太教徒為逃避羅馬政府的政治迫害，於西元六十六年與基督的信徒分道揚鑣發展，但後來基督教得勢成羅馬國教。在漫長的歷史發展中，正統猶太人始終視基督徒為背叛者，而基督徒則自命是以色列的認同者。到了十五世紀時，一部份猶太人又皈依基督教，但暗中信仰猶太教，於是猶太人被貼上「背義者」標籤。基督教的反猶太主義（Antijudaisme）逐漸變成「反閃族主義」（Antisemitisme），因為猶太人是閃族（Semites）。（註：廣義而言，猶太人、阿拉伯人、亞述人、巴比倫人及腓

尼基等都是閃族，但當我們用「Semitism」時，特指猶太人氣質，所以「反猶太主義」和「反閃族主義」，也可以同用「Anti-Semitism」一詞。）

原來本書主人翁孫大公先生叱責猶太人忘恩負義，竟可追溯二千年，猶太人的忘恩負義真是其來有自！這是種族天性嗎？

猶太族人散居世界各地，但將近二千年來的世界舞台上，在整個西方世界，猶太人被形容成「異邦的劣等民族」、「一種有毒的血統」、「有犯罪本質的種族」。此實為猶太人的悲哀，反猶太主義的成因很複雜，有宗教、經濟和心理各層面，直到近現代，最可怕恐怖的反猶太行動出現在德國，且和資本主義相連結了。

一八四八年是德國的革命時代，日耳曼人就把猶太人定位成「資本家剝削者的代理人」。第一次世界大戰後，希特勒組織國家社會黨，他原先已歧視猶太人，又深受俄國例的反猶運動；同時積極倡導泛日耳曼主義、反宗教主義、反唯物論、反舊約全書，並反猶的「猶太國長老錄」（Protocols of the Elders of Zion）一書影響，於是展開了史無前例的反猶運動；同時積極倡導泛日耳曼主義、反宗教主義、反唯物論、反舊約全書，並與奧國、捷克、波蘭的種族主義政黨串通，共同迫害猶太人。

一九三三年希特勒登台執政後，二戰爆發前，德奧捷波境內的猶太人紛紛逃亡。一九四〇年，納粹黨要員羅森堡（Alfred Rosenburg）建議，在馬達加司加（Madagascar）

島設特區，強制所有猶太人遷入，以解決德國境內的猶太人問題，並可以把反猶運動擴大到海外。但這樣的提議很快被放棄了，被消滅政策所取代。

消滅政策由秘密警察局（Gestapo）猶人組組長艾克曼（Adolf Eichmaun）負責執行，直接在各地方把猶太人逐入壕溝用機槍掃射、集體在毒氣室中毒死，或被投進焚化爐中。到一九四四年止，有六百萬猶太人被有系統的「消除掉」。他們在死之前，衣履被剝精光，珠寶手飾被拿走，焚化後的骨灰用於農業肥料；部份尚有勞動力者用於從事危險工作，無勞動力而有生存機會者則用於醫學試驗品。屠殺猶太人的劊子手艾克曼，於一九四五年二月間曾說：「五百萬人死在我手下，我已心滿意足，可以含笑黃泉了。」確實是，人類社會有史以來未有如此大規模的大屠殺。

在前蘇聯，一九二〇年代時，猶太人被視為資產階級份子，全被剝奪公權或被殺害；到一九三〇年代又被定位為資本主義者，也是敵人，直到一九五三年史達林死後，反猶運動才轉入低潮。

在阿拉伯世界的反猶太主義也盛行，二戰後最為劇烈。一九四八年五月十四日，以色列宣告誕生，第二天幾乎全阿拉伯世界便向以色列宣戰，戰事到廿一世紀的今天仍未能解決。阿拉伯世界誓言：「讓猶太人從地球上消失。」看來這世上的反猶原因永遠存

在・沙士比亞（Shakespeare）在威尼斯商人傳（The Merchant of Venice）中，說猶太商人賽樂克（Shylock）要割欠債人的肉來償債。此類事件或許為真，但終究是個案吧！難不成沙士比亞也在反猶，用他的筆來醜化全部猶太人，以增加世人對猶太族群的憎恨吧！

看來全世界不反猶的只有中國人了，早在唐代就有猶太人移民到長安。二戰時德國滅猶之際，有少數猶太人逃到中國，都得到收留安居，蔣公也同意他們大量移民過來，惜不久山河變色。

從前面我的探討，猶太人背負「忘恩負義」形像，似已成為「原罪」，一種本質，幾千年都如此，真是可憐可悲！而對於有恩於猶太人的中國人，他們竟忘了恩，把中國人比做德國納粹，更加可痛！難怪孫大公先生要叱責猶太人忘恩負義。

原來在二〇〇八年五月之際，我國正準備北京奧運會。竟有猶太人報社把中國人比做德國納粹，猶太領袖呼籲全球猶太人抵制北京奧運會。孫大公先生深感「是可忍孰不可忍」！當下寫信給大使（應是中國駐美大使），請向猶太組織提出抗議，孫君也寫信向該報社糾正，及用電腦傳信給親朋好友。（均如附印）

對於猶太人的忘恩負義當然要嚴加叱責，否則豈不自己默認是納粹的同路人，吾人就算跳到黃河也洗不清。但對於幾千年來，西方社會的反猶、排猶、滅猶運動，我仍須

大使閣下：　　　（周文重）

　　猶太人忘恩負義，把二戰時救了很多猶太人的中國人比成殺了百萬計猶太人的德國納粹：（附件一）真是令人氣憤！！！

　　我已寫信叱責他们的编輯（附件二）同時寫 email 給我的親朋好友（附件三）可是沒有想到昨日（05.01.2008）報載（附件四）猶太鐵袖呼籲全球各地的猶太人抵制北京奧運會。真是「是可忍熟不可忍」！

　　不知　閣下是否可向猶太人組織提出抗議以息眾怒？　敬頌

康泰　　　　　　　孫大公 拜上 2008.5.2

（附件一）

Nazi Olympics Exhibition Offers Historical Perspective on Beijing Games

For two weeks in August 1936, Adolf Hitler's Nazi dictatorship camouflaged its racist, militaristic character while hosting the Summer Olympic Games. Soft-pedaling its antisemitic agenda and plans for territorial expansion, the regime exploited the games to dazzle spectators with an image of a peaceful, tolerant Germany.

The Museum's exhibition *The Nazi Olympics: Berlin 1936* explores how the Nazis used the games successfully for military training, pageantry, and propaganda. Now, after a ten-year national tour, the exhibition returns to the Museum, April 25–August 17, to coincide with the Summer Olympic Games in Beijing.

► View *The Nazi Olympics: Berlin 1936* at ushmm.org under "Online Exhibitions."

TO ALL EDITORS :　　　〈附(中二)〉

Don't you forget that in World War II, the country which saved

thousands of Jews is CHINA. How come you compare CHINESE

as NAZI who killed thousands of Jews ???

A Chinese proverb says " Think where it comes from while you

drink water ". That shows Chinese people always grateful to those

who do the favorable things to them. I wonder what is Jew's proverb?

I will let all Chinese people know what is the real thinking that Jews

have about Chinese.

We all hope there will be no World War III !

DAVID T.K. SUN

各位親愛的同胞：　　　〈附(中三)〉

最近我收到一份猶太人宣傳有關納粹屠殺猶太人的雜誌,裡面第4頁 (附) 居然把中國人

比成納粹,真是豈有此理！

想當年第二次世界大戰時德國納粹屠殺了數以百萬計的猶太人,嚇得他們逃亡到世界各地,

只有中國人是大量熱情地收容了他們,除了讓他們安居樂業無生命之憂外,還造就了不少的

猶太富翁。

豈知猶太人翻臉不認恩情,不究實質差異,居然把中國人比成了納粹,真是令人氣炸,也讓我們

看清了猶太人的本質,這就難怪納粹的狠毒了！

中國這個愛好和平的民族受了幾千年的氣,現在剛剛出現有個好的遠景,就不容於世界,除了

西方列強外,連受過中國恩惠被德國趕盡殺絕的猶太人都來污蔑我們,希望大家要保持警覺,

拋棄內部的矛盾,埋頭努力建設國家,只要國家強了,大家才會有好日子過啦！

孫大公 上　　　2008-04-28

公道論之。

第一、那是一種「種族主義」（Racism），把人種區分優劣，造成的一種「種族歧視」（Racial Discrimination）。其背後可能還有宗教原因支持著，例如中世紀對異教徒的屠殺。

第二、種族歧視之所以如洪水般沖向所有人，是長期宣傳醜化所致，如沙士比亞的威尼斯商人要割肉償債，這種事在全世界各族群都有，就是台灣比割肉可怕的，要拿命還債的新聞，幾乎月月有之。把一個「個案」，無限上綱到全部族群皆如此，是邪惡政治人物與組織（如希特勒、陳水扁、游錫堃、李登輝，或台灣基督長老教會、台灣教授協會及台獨組織。），配合邪惡媒體（如德國納粹媒體、台灣自由時報），拼命操弄的結果，沒有判斷力的人民便被「洗腦」。游錫堃的「中國豬」論述，那些台獨份子便以為中國人都是豬，怎不想想自己祖宗八代都是中國人，到底誰才是真正的豬？豈不罵到了自己？連他們自己的父母祖宗、兒孫、全是豬了！

第三、猶太民族飽受兩千年的歧視，歷盡人世間一切苦難，二戰時更有六百萬人被屠殺。或許英美強權覺得愧對猶太人，因而支持他們建國，這也導至半個世紀以來以阿間爆發多少戰爭！以色列的國防政策向來以「先制攻擊」聞名於世。又因而樹敵太多，

且樹者都是「死敵」，如伊朗、伊拉克，都是死對頭，隨時準備要使猶太人從地球上消失，怎不叫以色列國民寢食難安！

但一個民族背負「忘恩負義」兩千年之久，難道這個民族不須要反省嗎？目前世人似越來越不能容忍猶太人所做所為，因而有學者研究指出以色列可能在廿一世紀中葉前亡國，猶太民族可能再度流亡各地，甚至亡種亡族。這不是看相的「預言」，而是學術研究後的「預測」，猶太民族確實要反省。

孫大公在一封信（附印）中提到，當納粹追殺猶太人時，他們流亡在世界各地，只有中國伸出援手，收容他們，給他們可以安身立命之處。如今怎的就忘恩負義，說中國人同納粹一樣，真是叫人氣炸，也讓我們看清猶太人的本質。

第三篇　國家發展方向和最美麗的一仗

——「二〇〇八」法統重光

.

第十一章　解甲歸田作良民：思考要三民主義？還是資本主義？

孫大公的軍人生涯終於結束，解甲歸田作良民，人生的舞台、跑道都轉換了，每日生活或工作重心自然也變了。但唯一不變的，是他對這塊土地的關心、愛心是永遠不變的，對國家發展方向和社會風氣，乃至對當朝政局的關懷也是永遠不變的！

民國六十九年五月八日，孫大公再有一封信寫給經國先生。（註：孫君有數封信寫給蔣先生，

都稱伯父，因與孝文有同學之情份。）該信孫君把當時國內社會現狀，作了真實的描述反應：

第一，國際風雲詭譎之際，國人有蔣先生的英明領導，使社會上每人充滿信心與安全感。但眾人憂心沒有適宜的繼任者，放眼國內外尚不見端倪，各界議論、疑惑者多，甚有藉機蠢動者。

第二，總統宵旰為公，愛民如子，可以為聖，但部份執行官員自私自利，只見良法美意，而計劃執行不見成效。久之，民眾以為政府缺乏誠意，則影響民心士氣。

第三，「難忘的一年」七月二十七日所揭示之「公正廉明」，為任何政府之圭臬，澈底行之則雖夷狄亦服，極望服公者皆能遵從明示。

孫君這封信寫的實實在在，那個年代至今不到三十年，四十幾歲以上的人都能感受那種氣

之中，每人充滿信心與安感，但在社會之疑問為甚，以致其居心力謀為繼任者。故眼國內外尚不見端倪，於是紛、議論者有之，疑惑試者有之。以致眾心不安，而不法小丑藉機蠢動矣。

二、智識份子之反應：
總統宵旰為公，愛民如子，可以為聖，但是部份執行官員，自私自利，不敢擔當，因此福見良法美意不斷領悟而計劃執行不見有效，另方久之，因眾誤以為政府缺乏誠意，則影響民心之怕怕書語。

三、憂心國事者之反應：
(一)西諺「滾如無苦，止水生蟲」，如今分務員貪污已不覺恥，聲勢財段服者，些紛紛亦搖根之事，而實源於社會之會廳，諸自以蜜餐廳納薪，
　(二)「難忘的一年」七月二十七日所揭示之「公正廉明」為任何政府之圭臬，澈底行之則雖美忘服，極望服公者皆能遵從明示。

慈愚，方辨王右，以為梒梒者皆為美王，救梒之心歃。
伯父教正。　肅耑　敬叩
國運昌隆
政躬康泰

　　　　任　孫大公 叩上 69年3月8日

又及：影本為
全國上下斯在運奉之處名欲。附以以謝德意。

伯父於民四十六年赐之教主，寶光為目前

氛，五十歲以上的人就更清楚明白了。

惟信中第二項稱「總統宵旰為公，愛民如子，可以為聖」一句，句中有三個形像意象詞，前二個「宵旰為公、愛民如子」，這是千真萬確的事，有兩千萬個「人證」，是歷史公認肯定之事。但「可以為聖」四字，是否阿諛之詞？確有極大思維空間，此處僅說「可以」，沒有當下稱「是」。

就事論述，蔣經國能否在中國歷史上列入「聖」位，至少是八十年以後才有的定論。但有一點值得注意，蔣先生主政台灣有「貞觀之治」的氣候，即能比貞觀之治，則他和唐太宗應有等價的歷史地位，我的看法如何！尚待史家公評吧！

孫大公解甲歸田，原可以過著如「竹林七

編輯先生：

讀 貴報八月十日之社論，由一種沙着世界，頗多感觸。尤其社論指先我國目前社會上的歪風──只重金錢的價值，而不重視工作的價值，使人驚訝價值觀念之倒置，西瘤於養人出事正此歪風若長生以往，則原率一個勤勞儉樸巧取豪奪的民族特被轉化為淺薄貪漢、巧取豪奪的金錢奴隸。幾千年孕育的民族精神壽會被歪風吹得個消雲散，這將是一個大悲劇，因為我們現在走的是西方資本主義國家五十年前的老格，而現在別人都已

迷途知返，正尋找東方儒家的精神以求重估人生的價值。我們卻还跟著前戰而行，依唯目前我的社會進別的方向和速度，無需幾年就會有更大的悲劇在等着我們，因為台灣了每個人的心靈被金錢物質迷住以科，我們所謂的民主，正確著是日的金權政治──就是權勢金路前進──這是動搖我國國本的大事，以即時舉行萬元就不夠資格問津──這推說沒有新台幣的中央民意代表選舉而言，不論你有多大為國為民服務的熱忱和才幹──這祗是正常的宣傳費用，不色括如風聞的六百萬

「賢」的閒適生活，但他牽掛著國家發展方向，國家的「路」走對或走錯？在給一家報社的信中提到資本主義和「美式民主」的大問題，有很重要一段話：

我們現在走的是西方資本主義國家五十年前的老路，而現在別人都已迷途知返，正尋找東方儒家的精神，以求重估人生的價值，我們卻還跟著前轍而行……我們所謂的「民主」，正循著美日的「金權政治」老路前進——這是動搖國本的大事……

此時期孫大公與黨國元老陳立夫先生接觸，討論三民主義和資本主義，陳立夫先生才有一篇三民主義要旨之書法贈孫君（如下）。

現在很多人也把三民主義當破鞋，提都不提，

殊不知台灣能有今天的繁榮，全因有一部三民主義憲法。

大陸所推行者，雖叫「中國式社會主義」，實際上實踐中山先生三民主義最力者，即今之中國大陸，中山先生實業計劃之藍圖，正是崛起的中國之具體形像。孫大公先生有一篇給某報編輯的短文，「要三民主義？還是資本主義？」放本文最末供參考。

資本主義有如一隻暴龍般誕生，就像「異形」吃遍整個地球，牠第一次被判死刑是一八四二年的馬克斯和恩格斯，但他們並未說何時滅亡，只說「終將滅亡」。與資本主義有著「連體嬰」關係的民主政治，在地球上流行了一百五十年，到一九九〇年代前蘇聯瓦解，應是資本主義（民主政治）的高峰，馬恩的預言不僅未成真，反而是

三民主義集古今中外人之思想之大成，以救國救世為目的，其淵源於中華文化道統者，至為顯著。故具有無私無我之公，成己成物之誠，立之達人之仁，不偏不倚之中，日新又新之行，立志齊備，自能使中華民族大剛中正之特性日顯，能達之富強康樂之新中國，並能進之世界於大同，士哉中華，天下為公。

孫賢姪

孫立人

中華民國七十七年農曆元旦

共產主義的祖國蘇聯垮了，是被資本主義拖垮的。可見資本主義多麼可怕，但牠卻拖不垮社會主義中國，老美（代表西方資本主義和民主政治）原也想用同樣方法，把中國拖垮，可惜力不從心，因為牠本身也快垮了。

進入廿一世紀，因美國資本主義社會的腐化，導至全球經濟災難，人們開始相信資本主義末日就在眼前，馬克斯的「資本論」一書因而熱賣。約瑟希斯（Joseph Heath）的名著「髒錢」一書也大賣特賣，「髒錢」揭示各國人民對資本主義財富正當性的質疑，認為資本主義社會制度下，資本家的牟利，違反了公平、正義和道德原則，所賺到的錢根本是髒錢。儘管如此，資本主義及其連體兄弟民主政治是否會很快滅亡呢？應也不會。

我在自己的著作曾針對這個問題深入研究，在「馬恩共產主義的策略性與人類前途」論文，收在「春秋正義」（台北：文史哲出版社，二○○七年十二月）一書，預測資本主義的滅亡應在本世紀中葉，屆時將全球流行社會主義，且有「中國式社會主義」、「印度式社會主義」……等等各種形態的社會主義，意者可讀拙著該論文以知其詳。

這是別話了，我們回到孫大公這個主題上。後面可參閱孫君的短文「要三民主義？還是資本主義？」，孫君較吾等早三十年思考這個問題。

要三民主義？還是資本主義？

編輯先生：

今日各報競載監委選舉的投票種種，對賄選傳聞都有強烈的暗示，讀來令人心驚肉跳，深恐　國父手創的「三民主義」很快地會被各種選舉變質為「資本主義」。試想，一千萬元買一票，買十票就要一億元，像這樣當選的人他會代表社會大眾發言呢？還是代表有錢的人講話？他花的錢將來又如何回收？（可能像二十七日聯副上唐偉先生大作「監察院的門虎」所預測的了）。各種選舉類此發展下去，就會變成像日本的金權政治，首相是由大財閥支持出來的傀儡；或和美國的總統為答謝支持到中國大陸推銷可口可樂一樣。似此不出十年則三民主義有被資本主義取代的危險。我們小老百姓吃了多氯聯苯和假酒，吸了媒煙和毒氣，又有誰來為我們爭取權益呢？因為保護消費者的法條如果和資本家的利益相衝突的話，很可能在議事堂裡就通不過去。

前次增額中央民意代表選舉時，我就曾為此杞人之憂請見國民黨之中樞高級長官，懇以黨的力量多舉無錢競選的賢能之士為民服務，如今選舉職司風憲的監委居然賄選的傳聞更駭人聽聞，只有借　貴報一角籲請各位龍的傳人擦亮你的眼睛，在以後任何民意

代表選舉時多投「窮賢能」一票，使代言有人，並確保三民主義的國家，大家可永永遠

遠生活在幸福康強裡。

撰安

　　　　敬頌

　　　　　　　　　　　　　　　　　　　　　　　　　　　　　孫大公拜上

第十二章　與兩岸領導階層談「肅貪防弊」

研究一個人，如果只看他當過甚麼官？高到甚麼階級？或做了那些三大事業及其一生有多少財富？這是非常浮面的，很表象的。想要研究一個人，最須要知道他心中想甚麼？

當然，這也是很難的事，但總有一些「理論」可以遵循吧！

例如，人總會想著親情友情愛情，事業前途財富或國家民族吧！不同的年齡、時代，心中盤算的重點也不一樣。年青人想著如何賺更多的錢和「把馬子」的問題，老年人想到落葉歸根等。

當我提筆要描述、研究本書這位主角時，我時時刻刻在自己心中也在探索著，這位已年近八十的銀髮先生，他心中在想甚麼？我過濾、疏理他所有的資料、文件。發現他心中最牽掛，除我每一篇所寫的，竟是「肅貪防弊」和中華民族在廿一世紀如何立足世界，或領導世界的問題。這個前提當然是中國必須是一個富強、統一、清廉而穩定的國

，才有可能是領導國際世界的強大國家。

這是一個有趣的問題，但大約在三十年前是我心中極「嚴肅」的命題。為甚麼說三十年前是我心中極嚴肅的命題，現在卻成了「有趣」的問題？這倒要先有些論述。

大約三十年前，那時我還是政治研究所的研究生，每次上「政治學」這門課，不論哪位教授上課，都會提起一句政治學領域的名言：「權力使人腐化，絕對的權力使人絕對腐化。」年青的心靈必然受到影響，也必然會記住教授們對這句名言的闡揚；教授們的結論都是：權力要分散，如西方民主國家的三權分立，我國的五權分立，權力若集中，如集（極）權或威權體制，必定造成腐化。

確實如此嗎？幸好我是一個「好學生」。離開學校並未離開課本，我始終在研究、讀書與寫作的路上。所出版著作中，政治領域的相關出版著作，約有三十本以上。關於國家治理和發展中出現的「腐化」（Corruption）問題，我不自言是個專家，至少是我的拿手項目。所以我看到孫大公先生對兩岸領導人大談「肅貪防弊」，使我眼睛為之一亮。

自有政治組織形成以來，就有貪污腐化的現象，古今中外皆然。惟現代化使貪污腐化更趨向嚴重化，原因有四：

第一、現代化不僅改變了許多傳統價值觀，使得公益和私利沒有嚴明劃分，然後腐

化才日越嚴重。傳統社會中「率土之濱莫非王土」，那麼國王擁有一切是不存在貪污的問題。

第二、現代化創造更多新財富和權力來源，多和政治關係連結，用權力創作財富，有了財富也能享受權力的滋味。所以，也有學者認為腐化乃是擁有新資源者崛起之後，圖謀在政治領域佔據一席之地的結果。

第三、現代化幾使一切都變成「商品」。吾人常聞及媒體報導，現代社會把女性「商品化」了，事實上在現代社會包括政黨、政策、競選、公職代表等，都已是高程度的商品了。存在太多的「灰色空間」，在這個「空間」裡，用政治權換取金錢，或用金錢收購政治權，只看你要的是甚麼？

第四、現代化使政府權力大幅度擴張，產生更多貪污腐化的機會。因為政府功能涉及範圍越廣，越要權力「投射」出去，腐化

中國時報　扁家洗錢案相關被告及涉犯法條　97/11/12

被告	所涉犯罪情節	涉犯法條	曙押日期	備註
陳水扁	涉嫌侵吞國務機要費機密費、詐領機要費、洗錢、收賄。	1.偽造文書罪2.貪汙治罪條例利用職務詐取財物罪、3.侵占公有財物罪、4.收賄罪5.違反洗錢防制法。	11月11日特偵組傳喚到案聲押	
吳淑珍	涉嫌侵吞國務機要費機密費、詐領機要費、洗錢。	1.貪汙治罪條例利用職務詐取財物罪（已起訴）、侵占公有財物罪2.違反洗錢防制法		
陳鎮慧	涉嫌侵吞國務機要費機密費、詐領機要費、洗錢。	1.偽證罪（已起訴）2.貪汙治罪條例利用職務詐取財物罪、侵占公有財物罪3.違反洗錢防制法。	9月25日	
陳致中	開設新加坡、瑞士銀行帳戶洗錢	洗錢防制法		
黃睿靚	開設新加坡、瑞士銀行帳戶洗錢	洗錢防制法		
吳景茂	開設香港、新加坡銀行帳戶洗錢	洗錢防制法	10月7日	
蔡銘哲	開設人頭戶供扁家洗錢，涉嫌擔任白手套收受力麒建設負責郭銓慶賄賂轉交扁家。	1.洗錢防制法2.貪汙治罪條例受賄罪。	10月2日	
蔡銘杰	開設人頭戶協助扁家海外洗錢。	洗錢防制法		
林德訓	涉嫌侵吞國務機要費機密費、詐領機要費、洗錢。	1.偽證罪（已起訴）2.貪汙治罪條例利用職務詐取財物罪、侵占公有財物罪3.違反洗錢防制法。	10月3日	
葉盛茂	涉嫌順提扁家海外洗錢公文、洩漏給陳水扁、掩護扁家洗錢	隱匿公文書罪、偽造文書、洩漏職務以外之祕密罪、圖利罪	10月6日	
郭銓慶	南港展覽館工程弊案，另提供其妹郭淑珍帳戶供扁家洗錢及行賄吳淑珍。	貪汙治罪條例行賄罪嫌	9月11日收押	10月15日轉汙點證人獲得
余政憲	洩漏南港展覽館工程案評選委員名單給郭銓慶	貪汙治罪條例圖利罪嫌	10月15日	
邱義仁	貪汙安亞專案機密外交費用五十萬元美金	貪汙治罪條例貪汙罪嫌	10月31日	
李界木	國科會龍潭購地案收賄	貪汙治罪條例期約受賄罪嫌	10月28日	
鄭深池	幫助扁家海外洗錢	違反洗錢防治法		
馬永成	涉協助扁家詐領侵占國務機要費	貪汙治罪條例詐領公有財物罪、侵占公有財物罪	11月4日	

註一、十六名被告全部限制出境。　　　　　　　　　製表：郭良傑

機會也就乘機擴張，甚至連法律體系也腐蝕，明鏡高懸內成了藏污納垢處。

總結前四點，民主化帶來更多貪污腐化，因為現代化約略可以和民主化拉成等號。

很諷刺吧！人們一味追求民主，而民主使現代社會走向腐化，人成為商品的一種。因此，

在冷戰時期，包含美國在內的所有民主國家，都有嚴重的貪污腐化問題。

現在還有所謂「共產國家」嗎？想必都去擁抱民主了。若然，貪污腐化的腳步越來越近了。

但在中國尚有一特別時空關係，貪污腐化會很嚴重，那就是地方割據政權存在時。

因為中國歷史上的分裂似有一個短暫的「輪迴存在期」，如南北朝、民初和現在的台獨思想，其統治層級都心知肚明是短命政權，不久將被統一。有權力的人都抱著「能吃盡量吃、能撈盡量撈、吃飽快走人」的心態，二〇〇〇年台獨政權成立，貪污腐化就特別嚴重，就是明證。

起初獨派打著「民主、進步、清廉」旗號，八年下來結果呢？其第二任的四年還是靠作弊得來，幾「脫拉庫」（卡車）的罪行說之不盡，書之不完，只說貪污腐化這部份。

讀者或有懷疑我白紙黑字亂寫，不客觀等等，我便剪下報紙已公開資料為佐證，獨派整個領導階層幾全涉入貪污案，陳水扁在記者會公開承認犯行，鞠躬向人民道歉。這還只

是洗錢和已知的，未知者尚不知多少錢？這又證明貪污腐化和政治制度，或民主不民主，並無直接關係。搞台獨是假的，搞錢A錢才是真的。

理論上只有一種國家制度可以達到完全清廉，沒有貪污腐化的問題。柏拉圖在他的「理想國」一書中，論述極權主義的正義時說，如果國家健全、強大、統一，因而穩定，國家即是正義。然而，這種「國家即是正義」境界，按我的研究，在人類歷史上從未出現過。

以上我對貪污腐化的問題，從政治理論上先做疏理其要旨，因為接下來我們要看到的，是本書主角孫大公先生在這方面的用功。多年來他「釘」著兩岸領導人和重要政治人物，寫信給他們，貢獻他認為對「肅貪」和「廉政」的有效方法。

民國八十二年孫大公寫信給當時任法務部長的馬英九先生，要他徹底肅貪以救國民黨，九十七年給監察院長王建煊的信，附一篇文章如下（孫君二〇〇八年八月三十一日發表在世界日報）：

「行賄自首者無罪」之約法三章　　孫大公

參天大樹的樹根被蟲蛀會倒，強大政府的基礎被公僕貪蝕會垮，舉世皆然。我們為挽救自己的政府，淨化自己的社會，就必須立些法條，訂些規範，讓我們的公僕（所謂的官員）遵守，防止貪贓枉法賄賂公行之事發生。所以，訂些易懂易行之法條（越簡單越好）嚴格執行，防止貪贓枉法賄賂公行之事發生。所以，訂些易懂易行之法條（越簡單越好）嚴格執行，它的功效是無比的（漢高祖劉邦的約法三章就比秦朝多如牛毛的法律有效）。

從古至今，大小各樣的賄賂從未間斷過：一種是你不拿錢來就休想過關；一種是我情願送錢給你，只求你高抬貴手。本來平平凡凡「按章行事」的事，有了賄賂就複雜起來，人民就開始痛苦起來，社會就混亂起來，國本就動搖起來，若不將「賄賂」防止或制止，一旦小洞變成大洞就難補了！因此，訂立「行賄自首者無罪」是一箭雙雕的法條：既防又制。

因為受賄者他一輩子都怕行賄者去自首，一定會「三思而後貪」，甚至你跪在

地上求他拿錢他都不敢拿，怕後遺症啊！也許有人說，這法條雖然強而有力，可以使受賄者一輩子不得安寧，但卻會增加老百姓設陷阱來整官員的機會。老百姓先是卑躬屈膝地請官員收錢，等一切難關過了以後再跑出來自首，這樣豈不是故意在坑官吏！聽起來好像有理，可是不要忘了，官員根本就不可以收受私錢的，不論是你要或他送，只要是把錢收下就是違了法，就要依法從事。如果老百姓設了陷阱而你自願往下跳，那只能怪你太貪囉！

倒過來說，假設你是個好官，有人向你行賄，你可報知上級，等他送錢來時，請司法單位現場人贓俱獲，那時他就無法「自首」了。

不過這個「行賄自首者無罪」的法條，必須訂得簡潔、有力、易懂易行，我們不妨也來個約法三章。

試擬如下：

（一）Ｘ年Ｘ月Ｘ日（註一）本法開始生效。凡自此以後發生之賄賂事件，有確鑿證據者（註二），經審查屬實，其行賄自首者無罪。

（二）此法生效以前所發生之賄賂事件，若行賄者自首，經審查證據確鑿者，視情節輕重給予減刑。

P1

小平先生鈞鑒：

李人去國四十餘載，去歲第一次返國。發現中國這隻沉睡的雄獅居然甦醒了，非但醒了而且已經邁開大步奔跑了，這真是奇蹟。因為要在短短的十幾年裡推動十幾億人從沉睡到甦醒，一定要有非常特殊的方法。這特殊的方法依我研究的就是結果第一句是「白貓黑貓會捉老鼠的就是好貓」，這句通俗的話一下子把冰凍多年的

P2

思想領域解凍。十幾億句「動腦筋」開始運轉了。第二句口號是「實踐是檢驗真理的唯一標準」，當大家腦子動了以後，身體不動還是不行的，所以有了第二句口號每个人都開始找雙貓試一看，這一試在找到了真理以後就寄往再前載無反顧了。

現在中國這樣地遍地雄獅發展甚至可能主宰下个世紀，不過目前這頭雄獅是愈跑的功率

P3

愈快越跑越猛了，當然這是每个人都樂意看到的，也是大家所期望的，可是我們也不願意看到這隻雄獅跑得太猛，快到多遠就身衰力竭，或者是跑得太快，快到碰見危險都剎不住了，故此如果在這時再提出一句口號，末把社會暴加規範頭雄獅能知所節制而能永遠地跑下去心許心是个不錯的想法。

我想假設您要如此做的話，一定會提

P4

小和以前一樣好的口號 我這裡野人就曝

想到一句「秩序就是生命」作為規範社會維護團運的警語，不知是否太遲總之了一点？可是意義還是劉漢慶的懂

以此提供參考

聊誌您寶貴的時間看這封信的冗

　敬頌

福壽康樂

　　　孫大公謹上

　　　1993年8月3日

又及：此信請勿對外公開。

(三)若行賄自首經審查屬誣告者，加重其誣告之罪。

註一：「Ｘ年Ｘ月Ｘ日」生效之日，須自公告以後，經大力宣導，而使全

國皆知之緩衝期。（三至六個月）

註二：所謂「證據確鑿」是　指經密告、錄音影、白紙黑字……等可查證

而有公信力者。

孫君所提「行賄自首者無罪」，到底是否可行？如何行？效果如何？我無從論斷，自有主政者去從實踐中論證。反正古今以來並沒有一種「藥方」可以放諸四海而皆準者。

鄧小平有句名言「不管白貓黑貓會捉老鼠的就是好貓」。

孫君以這種觀點給鄧小平寫了一封信（如上頁），贊美小平先生兩句有名的口號，一是前面的黑貓白貓論，另是「實踐是檢驗真理的唯一標準」。孫君認為中國這頭「沉睡的雄獅」醒了，而且蓬勃發展，成為廿一世紀的世界領導者，但孫君可能觀察到猛獅跑的太快會「失控」，因而建議鄧小平加一句「秩序就是生命」。

「秩序就是生命」，六個字講中了自鄧小平搞改革開放以來，國家發展的一切基本邏輯思維，即是所有的改革必須在和平、穩定、和諧中進行，絕對不可有造成「失控」的局面發生。套一句學術與政治常用語，就是「國家安全」和「社會安定」啦！此二者

不能有效掌控，一切都別談了，國民黨當初就是此二者失控而丟了大片江山。共產黨若不能吸取這百年經驗，真是笨到家了（幸好，我觀察現在的中共是很有智慧了！）。

　孫大公還有幾封信是寫給喬石委員長、鄧樸方和現在的國家主席胡錦濤先生（均影印附陳），談的都是「行賄者自首無罪」的立法、廉政運動，以及如何使祖國富強的問題。

　姑且不論這些信是否產生了預期效果，對國家民族的關愛、熱情，就叫人心生敬佩之情。如他給鄧樸方的信末段「我今年已七十四歲（二〇〇六年），垂垂老矣，不過愛國之心從不敢後人，特附上人我之兩篇文章就可知我愛中華民族之初衷了。」

　在他給胡主席的信，最後也是「愛國之心

獲方先生：你好！

（附上十幾年前中國改進委員會要……）

每到國家有重要事情的時候，我都想起一己的愚見貢獻給對國家有影响力的人，心想也許這樣會對國家有所助益，尽些匹夫之責，於是就很冒昧地寫了這對信。

回憶我當年給令尊（附影专）寫了兩對信給令尊，成為國強民富的中國日新又新，成為世界通病難。可是人心貪婪自古已然，而且是世界通病，難怪各國都在貪污，但成效之差，如果任其蔓延，根爛心敗樹乾倒了，因此不僅冒昧再次提出討立一条法条——「行賄自首者無罪」，作為遏止政風敗壞之法宝，不知　先生以為然否？！

錦濤主席勛鑒：

巍巍神州五千年，未為晚也，可惜亡羊補牢，未為晚也。有謂「重賞則『貨是』如……」致高官貪腐而貪贓枉法，倘若孫大公張著某種，等……「重賞時能……而以收拾」。

前曾建議立一法条「行賄自首者無罪」作為「塞漏洞」或稱「孩打預防針」之辦法，實為防止貪腐泛濫之一道防波堤，若能迅速澈底執行可以很快達止賄賂罪行，其實行之不難，故法劉秤簡而有力約法三章即可。試扰如下：

（一）○○年○月○日以後，凡自此日以後貪生之賄賂事件有確整証据者（註二）經審查屬實，其行賄自首者無罪。

（二）此法生效之日以前所貪生之賄賂事件，香行賄者自貪經審查証据確鑿者視情節輕重結手威刑。

（三）著行賄自首經審查証据屬者，加重其証告之罪。

目前殘障人士是社會上之弱者，很難得到應有之福利。知道先生仗義執言為大眾謀利，實在感佩！但是希望能擴大範圍為全國的民眾謀利，使中國成為二十一世紀之先導者，則將來先生必在歷史上有一席之地。

我今年已七十四歲，重、老矣，不过愛國之心從不敢後人，特附上，我之兩篇文章就可知我愛中華民族之初衷了。

敬祝

健康快樂

孫大公謹上
2006.12.11
P2

註一：「○○年○月○日」本法開始生效之日，須自公告之日以後，經大力宣傳，兩使全國皆知之緩冲期（例：三ケ月）里字，……等可查証而有公信力者。錄音錄音、白紙。

註二：所謂「証据確鑿」是指錄音錄音、錄音影、白紙黑字，者自首經審查証据確鑿者視情節輕重。

此法生效後，若能在全國重土地區最屬執行一年，則有数年可以清靜，甚或数十年。

愛國之心驅使我不辞地勞叨，不避叱責，實在是

欷年執政
玟願康泰

敬頌

孫大公謹上
2007.01.01
P2

驅使我不斷地嘮叨，不避叱責，實在是望鐵成鋼啊！」最後落款他乾脆自稱「嘮叨嫂孫大公」。孫君不僅忠誠、愛國、愛五千年中華民族與文化，他的愛是多麼可愛啊！他牽掛著廿一世紀中國人的世紀，他嘮叨的是廿一世紀中華民族要成為世界各民族的領航人。而「貪腐」是對國家民族，乃至社會、人心最大的傷害，就算中國成為世界領航人是廿一世紀的必然，孫君還是擔心大家「樂」過頭，故建議再加「秩序就是生命」這樣的口號。

我與孫君亦有同感，有些同胞以為中國起來了，有錢了，便一副暴發戶的心態，若成為普遍觀念確實對國家有傷。小平同志也多次提醒「不要太早把頭伸出來」，我個人的著作也多所闡揚。自廿世紀末葉以來，「中國學」成為國際政治和戰略之顯學。戰略學者譚門（Ronald L. Tammen）等著「權力轉移：廿一世紀的戰略」（Power Transitions: Strategies for the 21 Century）一書，認為問題不是中國是否將成為全球最強大的國家，而是要花多少時間達到此一地位……所以中國人仍應默默審慎地耕耘。

根據戰略上的研究，對強權興衰之起落評量，及中國總體國力（即政、軍、經、心四大國力之總和）現狀發展，大約二〇五〇年左右，中國總體國力才會超越美國，最樂觀也在三四十年間。近來中國各地因受深圳富士康、佛山本田罷工影響，各地開始有勞工

運動，經濟及社會學家認為是經濟轉型的標誌，也是中國要變成富國的「關鍵帶」。在中國崛起成為世界級領導大國及統一之前夕，有無數個像孫大公這樣的中華子民，無怨無悔的為自己祖國、民族付出，做出努力，做出貢獻，廿一世紀必然是我們中國人的世紀。

本書寫作期間，巧遇「陳水扁家族貪污洗錢案」爆發，是一個活生生的引用案例，證明分離主義的本質在撈錢。二○一○年六月，陳水扁家族貪污案完成二審判決。本案雖是台灣人民的災難，卻也是千年難有「肅貪防弊」的好教材，我選入三個剪報給讀者參考，孫大公先生不斷嘮叨兩岸領導人，希望「行賄者自首無罪」，似乎已在本案有些「影子」。由讀者自行觀察、判斷、也自行「自由心證」。

但剪報之一「辜仲諒奉送三億　高院判扁珍無罪」。也真是神奇（離奇），扁珍若非用大權施壓，或辜某主動，都因扁珍高坐大位，才有許多黑心商人送錢來，且行賄三

求交保 扁願匯回另筆5.7億

人間福報　2010.6.12

【本報台北訊】台灣高等法院昨天二審宣判扁家四大案，並提訊前總統陳水扁裁定是否延押。陳水扁當庭表示，除最早曝光的瑞士美林銀行外的新台幣五億七千萬元資產，也一定比照海角七億匯回，經過兩個小時激辯，法院昨天將把扁暫時裁押看守所，由合議庭擇期裁定是否延押。

扁家存放國泰世華銀行保管室的新台幣四千萬元現金中，有五億七千萬元透過元大馬家匯往瑞士威格林銀行，比照本案的兩千一百萬美元匯回。

陳水扁昨天在庭中一度發表示，這五億七千萬元與扁家四大案無關，是政治獻金，瑞士檢方有互助款，也遭瑞士檢方查扣，無法如特偵組指控逃亡到海外享優渥生活，已無法領取，配合簽署相關文件，檢方則要求合議庭審的，為免被告將來二審定讞，被告得以主張已執行相關刑罰，仍請求合議庭訊後通知，擇期以書面公布裁定結果。

律師團也指出，扁家瑞士的兩千一百萬美元（約新台幣七億元），特偵組另查出匯回，經過兩個小時激辯，法

億必要撈回十億才夠本。否則辜某的三億為何不送我這窮作家，或贈本書主角孫大公，因為我們沒有高坐權力頂層的大位。台灣的高院如此判決，豈不鼓舞所有公職人員如此「複製」，可以大大A錢而無罪！

　另一剪報「求交保　扁願匯回另筆五點七億」，這是極可能形成的。天啊！這是瑞士藏七億之外，另又發現的一筆，其他不知多少。關鍵在扁家已先把錢A走了，現在東窗事發，於是用A

有貪汙 沒侵占 扁珍無期改20年

二審宣判 國務費從寬認定 扁被批「敗壞官箴」珍被指「反覆洗錢」避查續

人間福報 2010.6.13.

辜仲諒奉送3億 高院判扁珍無罪

中國時報 2010.6.13.

的錢和司法談條件，謂錢交出來換取人交保（甚至判無罪），若成立了，對公職人員也是鼓舞，大家可以Ａ錢，事發再把錢「吐」出來也是無罪；若未事發呢？或事發時人已在他國享福，不知台灣的法界人士心中，還存在多少「正義感」？

扁案的判決也正在考驗台灣這個社會，到底是何種社會？移民社會、篡竊社會、人吃人的社會、不適人居的社會……或有文化芳香，有正義的社會？距孫大公先生對兩岸領導人期許的「清廉」社會，到底是越來越遠，還是越來越近了！

從報上得知扁案的二審宣判也是無理頭，法官指責扁珍「位高權重，本應廉潔自持，並應敦促家人親信避免以權牟利，以私害公，辱壞官箴，導致社會價值觀及行為紊亂。」如此口頭嚴屬指摘，量刑怎又大幅度降低，毫無道理可言。更可議的是龍潭購地案中的李界木，從一審判刑六年，減為兩年，再緩刑五年，等於一天牢都不用坐（等同無罪）。合議庭的原因說他「年事已高」，且已繳回三千萬賄款，應有「知所悔悟」。

所謂「年事已高」有多高？李界木犯案時六十多歲，現在剛過七十。而就在去年台北一位台鐵老員工九十六歲了，被控「長期佔據宿舍」，以竊盜罪判刑三個月，上演了「人瑞微罪入監」，那是公家給他的宿舍，他住了一輩子，九十六歲了，能再住幾天，法官何曾想到九十六歲的老翁才是「年歲已高」。比較李界木的「無罪」，不得不讓人

直覺推論，法官和李界木同是台獨份子，且法界可能也有法官正在為扁案「脫困」，一步步讓扁珍都無罪，因為他們是同黨的，要做到「天衣無縫」的地步。

事實上，法官也有獨派信仰者，大可判扁案無罪，扁珍等照過著國王般生活，因為他們是一丘之貉。

第十三章　從「三一九弊案」到「二○○八法統重光」

——畢生與役最漂亮的一仗

中國歷史之所以能代代傳承，綿遠幾千年而不斷，以法統和道統為正統的春秋思想是極重要的元素。吾人可以斷言，若無「法統、道統、正統」之束約，中國今日恐如歐洲之戰國林立；而歐洲經過兩千年之分裂戰爭，直到近幾十年開始想要完成一個「大一統的歐洲」——「歐洲共和國」，而此項大工程，中國在二千多年前的秦朝已完工，當時法家依循統一的思想指導，竟是儒家的法統和正統觀。

「法統」用現代術語說即「合法政權」，乃合法統治或合法性（Legitimacy）。但「合法性」和「合法」不竟然相同，（註一）前者為治者與被治者有共同信念，故能得人民的支持，成為合法的統治者，後者未必是。

合法性之相對為僭奪、為政變、為造反、為竊國，因其為「非法政權」，故難求其

安穩和長治久安，不久又被正義力量推翻，史家記曰：「法統重光」。民初由中山先生

與蔣公等人領導之倒袁、護法、北伐，其成功後，春秋之筆便記下「法統重光」之史事。

公元二〇〇八年三月二十日，馬英九在大選中獲得空前勝利。數月後，國內學術界

在台大召開「對馬英九政府的期待」，其主軸即「撥亂反正、法統重光」。（註二）意

即之前的陳水扁政權是「非法、不法」政權，「三一九作弊」是竊國行為，當然是，是

活生生的小偷行為，根本也談不上合法或合法性。但這個不法統治者，硬生生的存在了

八年，就像歷史上一段短短的「長夜」。只

是長夜不論多長，很快會天亮，竊國者開始

付出代價。

也許人性使然，古今中外的歷史總是光

明與黑暗交織著，合法與非法，貪腐與清廉，

永恆的勢不兩立和鬥爭。

有時候黑暗勢力高漲，國家動亂四起，

分裂爭戰不息，身為政權領導人而公然洗

錢、貪污，如台灣之陳水扁，又如前瓜地馬

一個老百姓的心聲

各位同胞：

多年前選舉立法委員時，我自費在報上刊登了一封信，提醒大家要選賢與能.

如今到了影響國家民族前途深遠的總統選舉，我希望大家在舖天蓋地的競選宣傳中衝出來，站在一旁，非常冷靜地想一想：我們國家的現狀，我們對未來的期望；誰能真正保護國家的安全？誰是真正把人民的福利擺在他個人的利益之前？不要被誘人的口號所騙，不要被意識形態所左右。　你手中神聖的一票，其實掌握了你自己的未來，要極端慎重！要三思而後投！

祝福

我們的國家和同胞有個美好的明天

孫大公敬啟

2004 年 3 月 17 日寫

拉總統波蒂佑。當然，貪腐政權在歷史上總不絕跡，但也總不長久，註定是「短命政權」。

歷史正義還是存在的，或說絕大多數人的良知良能是存在的比較具體。而在廣大有良知的人民群眾中，少數有春秋大義氣節的精英份子，承擔了「忠臣義士」的角色和功能。因為他們的努力奮鬥對群眾的影響，終使分離主義、地方割據等貪腐政權，成為「短命政權」。

台灣在公元二千年台獨得勢，二○○四年又用作弊手段製造「三一九槍擊弊案」，欺騙人民，但這個「不法政權」，貪腐、非法的獨

各位同學：(民81. 聯合報頭做)

再過三週就是立法委員選舉的日子。還說國內的亂象，真像一條被汙染的黑色臭河。我們自己和兄孫聯來的生存，為了國家永中注入一股清流，也就是說一定要退出為國為民救國救當的賢能之士來，現在必須要在這汙水中浮顯庇自己的賢能，我們就投他一票。只要不顯露國家和不謀私利的人，我們就投他一票。歸何選舉來得及去說服你的親友來共到一個健康正是其好的社會。

同學們，鼓起你們的戰鬥精神，出動吧！

孫大公　敬啟

國華姪：

我為選舉曾返台一週，曾去國民黨中央黨部詳詢中常委羅文山，獻拙稿（附）請其酌情使用。固為我的不中性訴求是爭取中性選票。但看情況是太文縐了，不及子彈厲害。

這次台灣的選舉真是使人傷心透了，必使人憤恨透了！學者是門不過流氓的!!!

茲新請天意，可憐是台灣同胞苦難未盡!!!!!!

大公泣上
2004.3.30

派集團，終究逃不出「短命政權」鐵律。讓歷史回到常態，使「法統重光」，我們要頌讚許多打贏「二〇〇八法統重光」這一仗的忠臣義士們，孫大公先生是參與是役的地區領導人之一。本文之重點，在重建是役經過，了解孫君參與「法統重光」一戰之心路歷程。

似乎台灣重要選舉孫君從未缺席，除投下神聖一票，也出錢出力。民國八十一年立委選舉，事前三週他開始在聯合報頭版刊廣告，

二〇〇七年六月十八日 星期一 MONDAY, JUNE 18, 2007　世界日報

陸官校友慶祝校慶 四海同心會授旗

陸軍軍官學校南加州旅美同學會17日於亞凱迪亞活動中心（Community Center）舉辦慶祝83周年校慶活動，並舉辦「中華黃埔四海同心會」授旗儀式。

「中華黃埔四海同心會」北美總監孫大公（右一）致詞並將會旗授交給陸軍軍官學校同學會會長李德舜（左二）。孫大公表示，新成立的四海同心會其實源自台灣，已有多年歷史。現在發展到北美，在洛杉磯、紐約、休士頓和舊金山成立四個分會。現仍在招會員。

聯絡電話：626-915-2367。

圖與文／記者馬雲

告訴大家用選票來改變被污染的社會。

「三一九弊案」前夕（二○○四年三月十七日），他發表一篇文章，提醒大家不要被誘人的口號欺騙，當然事與願違，一天多後「三一九作弊案」爆發了。多日後，孫君給他的朋友國峰兄嫂修書，謂學者們不過流氓，台灣同胞苦難未盡（均如附印）。

三一九的作弊手法，給泛藍甚至多數台灣人民很大刺激，因為這是「百年笑話」、「千年國恥」啊！當然，對原本存有小偷心態的台獨思維者，認為「得來全不費工夫」，並無可恥之心。極少有小偷會認為自己是小偷，不過只是「未經同意就拿來」吧！

對泛藍、中間選民、淡綠的刺激、可能不是一個「恥」字可以形容，至少有「恥」

大公總統：您好！

英九的「愛鄉向前行」台北市行程，很高興在三軍軍官俱樂部與您再見。感謝您對馬、蕭的支持，您的期盼我銘記在心，也懇請您在海內外發揮黃埔精神，讓我們一起努力，使 2008 的政黨輪替的願景如期實現。

在蔣公逝世的這一天，我們紀念黃埔老校長蔣公的誕辰，當知蔣公對台灣的三大貢獻，一是光復台灣，因為馬公的整頓，台灣才能重回中華民國的懷抱。二是保衛台灣，因為八二三砲戰，古寧頭戰役的捍衛，確保台澎金馬的安全。三是建設台灣，因為實施地方自治、耕者有其田、九年國民義務教育、提升女權地位……台灣得以繁榮，創造經濟奇蹟。

七年多來，民進黨政府讓台灣人苦不堪言，陳水扁口號式拚經濟，結果是拚他一人一家的經濟，罔顧全民經濟，協助親綠財團搶錢，又執行鎖國政策，使得許多人活不下去而燒炭自殺，更在意識形態作祟下，操弄族群、挑起衝突、激化對立，讓台灣步入絕境。為了二千三百萬人的未來，我願以大無畏的精神迎接挑戰，日夜奔波到這步田地，誰能袖手爭權？

台灣走到這步田地，完全源自台獨的核心價值。「拚經濟」同時找回台灣的核心價值。

二○○八年總大選，需要您的大力支持，恢復台灣原有的尊嚴，將請前台中縣長廖了以先生負責處理，日後凡有道及指教，請與他聯絡並不吝賜教。拜託您！感謝您！萬事如意！

敬祝

闔家平安！

馬英九　敬上

中華民國九十六年十一月十九日

感能讓人圖強奮發，讓很多人覺悟、覺醒．因而，「二○○八法統重光」之戰，各行各業各領城很早啓動了。

二○○七年六月十八日世界日報報導，陸軍官校南加州旅美同學會，十七日於亞凱迪亞活動中心（Community Center），舉辦慶祝八十三周年校慶活動，同時舉行「中華黃埔四海同心會」授旗儀式。孫大公先生時任同心會之總監，他把會旗交給陸軍官校同學會會長李德舜（剪報照片左二），孫大公先生（右一）致詞表

台灣現在被一群狐群狗黨在統治，一大群見不得天日的老鼠在捧場，和一个日本雜种在暗中支持，真是「邪」到了十八層地獄！

國民黨的小馬哥（馬英九先生）有正義之氣，有浩然正氣，是真正純粹的「正」。

所以，最終是 邪不勝正！！！

國民黨撥雲見日，中華民國得慶重生！

親愛的同胞們：

我們有幸從台灣到了美國，回望仍在台灣的親朋好友處在政治腐敗，經濟不振，生活苦悶的環境中，總覺得應該助他們一臂之力，使台灣能恢復國民黨時代做四小龍之首人民能安居樂業，不再有人全家燒炭，不再有人全家A錢。　其實這樣的想法很容易做到，只要協助他們選出一個正氣磅礡爲國爲民的好總統----馬英九先生，由他來領導台灣同胞全力衝刺，不出數年就會全面改觀，我們會很高興爲他們盡了一份心力！

所以，在三月份總統選舉之前，我們大家要聯合起來，有錢出錢，有力出力，最好是回台灣投上神聖的一票，不然就在這裡參加馬蕭後援會，給予精神上的支援．

我們在洛杉磯設有"返台投票服務處"，各位如有需要請與 高啓正（ROY KAO）連絡（TEL 626-945-5742 ）．

中華黃埔四海同心會　美國馬蕭後援會
　總會　　會長　孫大公　敬啓

"尓灣"馬蕭後援会之建議　2008.01.19

1. 投票及開票時一定要有足夠的人監票，以防对方作弊。
2. 对方有很危險的設計（如上次選舉的兩顆子彈）。這次可能有更陰險的出現——借此間國估之時發手段，要嚴加防範（附），並提前讓大众知道，以免我方措手不及。
3. 对我方有利之事和政績要儘量告訴大众，对河扁的名称和謝的十大弊案，要由立委和媒體重覆不斷地报导。
4. 对台獨最不利的是和中共動武，回答"三不"先把"不武"放在最前面。甚麼才是"不獨"和"不統"。
5. 宣傳主調應是"邪不勝正","莊敬自強","共生共存","有錯即改"。民進党做不好，換國民党做八年看看。
6. 此次爭取票源之重点应在台灣南部及計程車司机和島外的台商。
7. 南部地下电台捏造事实之影响力太大，我方也应如法泡製。糾正其荒谬言論。
8. 防止对方搞第二会改。
9. 青年人投票意願不高，要發動家長手功勞。
10. 建議馬英九先生之宣傳用語要大众化感性一点。
11. 在此间不克返台投票者可多打电话回台灣向親友催票。
立論重点为：
① 种族和谐（所谓家和萬事興）。
② 继統候選人要有品德，判斷力，清廉，為國為民。
③ 一个好的党独大，能比多数党互相牽制做成更多有益大众的事。
④ 切記講话時不要激動生氣。

大家好！
　中華民國選舉新任继統的日子就要到了，我们尓連会員返台投票選馬英九先生做继統的同仁必快要出發了，我们希望在他们行前給予祝福，給予鼓勵，讓他们快樂去，高興回。
所以訂在
　三月一日下午兩点在尓灣（湖边）老人中心舉行欢送茶会，盼望大家都能抽空参加。
孫大公敬啟
2008.02.26

示，新成立的四海同心會源自台灣，已有多年歷史，全美各地正在推動成立分會。

此後數月，孫大公爲配合國內的馬蕭競選活動，往來於美國和台灣之間。民國九十六年（二○○七）底，馬英九的「愛鄉向前行」行程到台北市，孫大公在三軍軍官俱樂部與當時馬英九先生一見，這一見的談話重點當然是「二○○八法統重光」大事，同年

十一月十九日，馬英九給孫大公一函（如附印），「大公總監：您好……」，信中說的都是天經地義的事，先提蔣公對台灣的三大貢獻，話鋒一轉再述陳水扁家族貪污案和鎖國政策，協助親綠財團搬錢，造成台灣內部分裂等等。這樣的「正反論述」，如一把神劍，也是一支春秋筆，剖開黑白，區隔了天使與魔鬼的不同。

而孫大公先生雖一把年紀了，也是拼老命「幹活」，在各地配合馬蕭活動，在僑居地造勢，用各種方式和管道發出正義的呼聲（如幾張附印手稿）。

那段時間，筆者回憶參加台灣大學、軍校同學、退伍軍人、中國文藝協會……許多組織，還有工商總會、中小企業、教育

世界日報 2008.3.3 B3版

近千僑胞助陣　馬蕭造勢大會強強滾

高呼口號　揮舞旗幟、唱歌　許多人將返台投票

拉斯維加斯 資訊報 2008.03.20

本市中華黃埔聯誼會馬蕭後援會 助選團返台即展開助選活動

拉斯維加斯 資訊報 2008.03.13

中華黃埔聯誼會呼籲返台投票者拒領公投票

受。

界、台北文藝……。無數的熱情朋友，大家「志同道合」，打倒貪腐的台獨偽政權，使「二〇〇八法統重光」，讓歷史走回正軌吧！我與孫君雖少有見面機會，但心中一樣感動，感受著歷史的正義將重臨台灣。

大選時間一步步來臨，內行看「戰略態勢」，就知道貪腐的獨派不法政權，正在崩潰的臨界點上。原因我們須回顧二〇〇八年的元月，在台灣地區到底發生了甚麼事？

二〇〇八年元月十二日，是台灣地區立法委員選舉，泛藍得到空前大勝利，獨派可用「兵敗如山倒」形容。這是兩個月後大選的「緒戰」，陳水扁偽政權「敗象」已不可逆轉。第二天（元月十三日），我期（陸官四十四期）同學會在陸軍聯誼社舉行，中央軍校校友會理事長甯攸武將軍致詞。我有三首詩記錄這段感想，收於「幻夢花開一江山」（台北：文史哲出版社，二〇〇八年三月初版）。照錄如下，以詮釋人在那環境中的感受。

詠那種感覺

怒潮澎湃人飛舞，親愛精誠是黃埔；

昨日緒戰真漂亮，任督全通好舒服。

中央軍校校友會理事長甯攸武將軍致詞誌

緒戰大勝很漂亮，藍營團結力更強；

絕對優勢已形成，重掌政權馬家將。

感懷

戲唱完了就下台，永不休止打貪豺；

黃埔同學一條心，炎黃子民好未來。

小註：「緒戰」「絕對優勢」和前面提到的「戰略態勢」，都是軍事專有名詞，此處不述，欲知其詳（內涵、形成條件等），可查任一本軍事辭典。

緒戰大勝利，泛藍並未因而樂昏了頭，反而更謹慎了起來。大家心中都有共同的想法，「小偷隨時使出下流步數」，一定要嚴防、要小心，這應該是三年多前「三一九作弊案」受到的教訓。國內的同學會、馬蕭後援會都有幾分「肅殺」氣氛，因為不知道小偷、竊國者有甚麼下流手段，有人說笑「三一九」用兩顆子彈，這回進步用兩顆砲彈。

為此，就在緒戰大勝後一星期，孫大公提出他的「十一項建言」，全文手稿（如附印），

這十一點正是泛藍陣營所思所行的指導方針，約略以下幾項：

第一、全程動員泛藍監票，以防獨派又作弊。這次可能有更陰險手段出現，海內外正盛傳會有暗殺事件。

第二、阿扁貪污案和謝的十大弊案，透過立委和媒體不斷宣傳；馬英九的「三不」以不武在前，不獨不統在次。

第三、宣傳主調在「邪不勝正」；這次票源重點在台灣南部、計程車司機和島外台商。

第四、南部地下電台扭曲事實太大，我方應如法泡製，糾正其荒謬言論；防止獨派再搞二次金改。

第五、一個好的黨獨大，能比多數黨互相牽制做成更多有益大眾的事，；強調後選人的品德、清廉。

或許泛藍真的學乖了，懂了，懂得怕，你面對的是一群沒有禮義廉恥的小偷、竊鼎者，流氓、太保、無德的不忠不孝者，不能不怕。於是，泛藍，或說多數選民吧！真的競競業業，小心謹慎的，有警覺的提高了自己的判斷力，打了二○○八漂亮的一仗，使國家「法統重光了」。

這是孫大公先生畢生與役最漂亮的一仗，當然也是藍營、馬英九漂亮的一仗，我們終於在二〇〇八年「法統重光」。但最徹底的說法，應該說是台灣人民做了正確的選擇，台灣人民選擇「法統重光」。

打了一場勝仗後才兩天，孫大公傳了一封信給前台中縣長廖了以先生（如附印），以喜悅之情說「我們大家都有救了」，可見孫君多麼高興，這是他親身參與的戰役啊！

信中他也提醒著，短暫休息後，大家要向前衝刺了！

二〇〇八年藍營的「法統重光」，使國家民族乃至社會政治各層面之運作，重回正軌；另一個意義，把一個非法、貪婪的台獨政權「終結」掉，告訴部份人民（有台獨企圖者），台獨不可行，台獨是一條死路。星雲大師總結陳水扁

David T. R. Sun
Benedice y. S. Sun
14932 Mayten Ave.
Irvine, CA　92606
(949) 559-8356

Fax

To: 廖了以先生　From: 孫大公
Fax: 8864-2515-1959　Pages: 1
Phone:　Date: 2008-03-23
Re: 當选之喜悦　CC:
☐Urgent ☐For Review ☐Please Comment ☐Please Reply ☐Please Recycle

了以先生：

　　長期的努力、驚懼、与期待，总算有了雨过天青的一刻，我们的馬蕭二位先生终於当选了总统和副总统，这样国民党有救了！台湾有救了！中華民國有救了！我们大家都有救了！

　　可是往後協助馬蕭跟飽的執政任务還有待我们更多的努力。在短暫的休息之後，大家又要邁開大步向前衝刺了！

　　請代向各位同仁致敬与祝福。

　　　　　　　　孫大公謹上

的八年，是「外戚宦官」之禍，故後面一篇短文，按此觀點申論台獨偽政權那八年的另一本質。

註　釋：

註一：「合法性」是政治上有效統治的必要基礎，也是治者和被治者的共同信念，一般人有意、無意（默認）信守的「天經地義」。一個政權的存在和統治權行使，若被絕大多數人民認為「天經地義」，那便鐵定是人民支持的「合法性」統治者，幾可永不垮台。

「合法」，指的是法律程序，舉一例，假設民進黨執政時，運用政治操作使國會三讀通過「台灣獨立」，在法律程序上合法，但不具有合法性基礎。中外史實類似例子極多，希特勒要滅絕猶太人，倭國侵華等，在他們的國會都走完了「民主程序」，而後啟動的。故「合法性」和「合法」，大大的不同。

註二：二○○八年國民黨重掌政權，學術界於同年五月在台灣大學，召開「台大對新政府的期許」研討會，以「撥亂反正、法統重光」，定位馬英九的當選，並期許馬

政府走「正路」。可詳見會議手冊中兩篇論文：

其一、黃錦堂（台大政治系教授），「重建憲法秩序與法治原則」。

其二、朱雲漢（台大政治系教授），「撥亂反正、打造政治新局」。

另，趙永茂（台大政治系教授兼社科學院院長），「政府再造與地方治理變革」一文，對憲政、民主和良治，亦有深入論述。

第十四章　總結陳水扁獨派偽政權

——現代外戚宦官太監後宮之禍

韓非子在「亡徵」篇中，論述四十七種會導至亡國的徵候，檢驗古今中外國家、政權之亡，「準確度」幾乎百分百，無出韓非子所言範圍之外。就以陳水扁台獨偽政權的另一面向，現代外戚宦官太監後宮之禍，來進行檢驗，也是神準。略引數項於後：

喜淫而不周於法，好辯說而不求其用，濫於文麗而不顧其功者，可亡也。

婢妾之言聽，愛玩之智用，內外悲惋，而數行不法者，可亡也。

君不肖而側室賢，太子輕而庶子伉，官吏弱而人民桀，如此則國躁，國躁者可亡也。

后妻淫亂，主母畜穢，外內混通，男女無別，是謂兩主，兩主者可亡也。

父兄大臣，祿秩過功，章服侵等，宮室供養太侈，而人主弗禁，則臣心無窮，

臣心無窮者，可亡也。

亡王之機，必其治亂，其強弱相踦者也。木之折也必通蠹，牆之壞也必通隙，然木雖蠹，無疾風不折，牆雖隙無大雨不壞。萬乘之主，有能服術行法，以為亡徵之君「風雨」者，其兼天下不難矣。

韓子雖言亡徵非曰必亡，但吾人檢驗陳水扁偽政權，其「亡徵」實在太多，故實必亡。雖然大家以為現在這「廿一世紀」，怎可能有「外戚宦官太監後宮之禍」，但事實在眼前，依然有「現代版」的演出。看這篇剪報社論，再想想吳淑珍、趙建銘及其父趙玉柱、陳氏兒女們及阿扁身邊寵臣，不正是韓子言「后妻淫亂、主母畜穢」「君不肖、人民桀（基本教義派）」「喜淫、好辯、濫於文麗」等，真是現代版的外戚宦官之禍。再檢驗其他，那些圍在阿扁四周的爭食者，不也是韓非子言「婢妾之言聽」、「太子輕而庶子伉」、「父兄大臣祿秩過功」、「臣心無窮」……中國歷史上的地方割據政權，未有如此貪婪腐敗者！

在人類歷史上，古今中外類似這種后妻淫亂、外戚太監之亂政史，可能裝滿幾個圖書館，可以肯定的，台灣獨派這段淫亂史，必使中外政壇的淫亂史失色。單就中國史一小

社論

外戚宦官之禍要從制度面防阻

人間福報　95.5.31

中國歷朝賴覆亡，幾乎逃不出某些共同的宿命：一是外戚干政，一是宦官亂朝。民進黨執政六年，似乎也未能克服這個歷史的循環，令人嘆息！

外戚干政的特色，是先有一個主上的至親，貪財好權，然後一批小人簇擁左右，如縱財擅，形成一個特權的網絡，上下其手，營私謀利，不顧法紀。最後自然不免由縱容外戚的主子承擔後果與責任。

陳水扁總統女婿趙建銘之敗於關說人事、打探股市秘情，介入醫院藥品採購，甚至父以子貴，趙建銘父親趙玉柱，王柱竟能身兼教家公司顧問、月入數十萬元，且縱橫於南部教育界，左右身近臣從特龍向巔、進而玩法弄權，最後則一手遮天，搞臼謀利，碎碎的新聞拼湊起來，趙建銘的丈母娘喜歡於政事一角，應是無可懷疑的共識。如果丈母娘能掌子女敢出外面招搖撞騙、私打電話、儼然另一個小朝廷？

今日總統府當然已沒有宦官，但貼身近臣卻彷彿有著宦官的影子。古今在弘進的民主國家，當然不乏之外在臺灣而後產生，以及多樣性禮樣娃。

身近臣卻彷彿有著宦官的影子。古今之外，物必自腐而後蟲生，舊樹不曾丁，在清潔的物體上、及樹住腐巧禮樣娃。

種種跡象顯示，台灣還是有幾項極具效果的防腐劑，其一是完備的文官制度。其二是獨立無私的司法體制與嚴明的法律，其三是公正而不偏不倚的輿論。此三者雖是而立，才能構成一面嚴密的防墊網，使外戚與宦官雖能操得手上的龍信，但不致使事情弄得不可收拾，禍福上主。

台灣走到這一步，痛定思痛、無論藍綠、均應從制度面去思考防弊之道，而嚴懲貪贓枉法代， 不是解決問題之道，趙建銘案個人，我們有看熱開、看笑話的態度，如不能獨立精神，則事務官政務官的異是有第二件或第三件財弊事件，可

藏有幾種極具效果的防腐劑，其一是完備的文官制度。其二是獨立無私的司法體制與嚴明的法律，其三是公正而不偏不倚的輿論。此三者雖是而立，才能構成一面嚴密的防墊網，使外戚與宦官雖能操得手上的龍信，但不致使事情弄得不可收拾，禍福上主。致使台灣政治先天不足，最大的缺失在於文官體制不健全，又可任意插手事務官的晉權範圍，宦屬助事務官、事務官失去依法行政獨立精神，則「依法行政」便成具文、事乎？

部份，也能在許多篇章中與其他淫亂史，比淫比亂比濫比姦，都佔了「重要」一席之地。

談到宦官太監之禍，吾國歷史上以明代為最，阿扁的「宦官太監」群，其姦惡無道和帶給人民的苦難，尤其用非法手段貪污的錢財，導至動搖國本，約等同於「東廠」。

而二者都造成政權瓦解，改朝換代，就算不和明代東廠比，與唐代結束前的宦官劉季述、韓全誨相比，阿扁身邊如邱義仁、馬永成，其淫亂腐敗，還是「齊鼓相當」。

談到扁妻吳淑珍，其淫亂專橫與不知人民疾苦，跋扈和斂財的本事，幾使阿扁成為一具木偶，國家之人事錢財由她一人在幕後操控，古今中外「后」級女人中，無可比擬，她真是「空前絕後」。但就生活奢華浪費和不知人民疾苦，倒與法國大革命被推翻的路易十六皇后，瑪莉安托尼內特（Maria Antonia Josefa Johanna Von Habsburg-Lothringen, 1755-1793）很類似。因為當人民失業窮困，沒有麵包吃時，瑪莉不僅奢華生活照過，且變本加厲索聚民財。有人向瑪莉皇后說：「人民現在連麵包都沒得吃了！」她竟說：「沒有麵包吃。為甚麼不吃牛排？」

而類似的話，吳淑珍也說過，她利用「陳水扁時代這八年，大事聚財，大概想升官發財的人都要送錢給牠，否則可能升官無望，生意也做不下去。難免有人心不甘情不願，

阿珍說：「錢不送來，我叫推土機壓下去！」天啊！如此的「黑心肝第一夫人」，「推

土機」是甚麼？不外是她掌控的情治系統或國安單位吧！宦官太監的一批惡姦走狗。

而那「黑心肝第一夫人」，數不完的淫亂、歛財，Ａ走台灣人民多少億銀錢，最後竟因「病」不用坐牢了，台灣有法律嗎？

說到陳水扁時代那八年的台灣社會，就像中國每一個要結束的朝代末年，如漢末、隋末或晚唐；或宋、元、明、清之晚葉，說不完的昏亂。在「隋書」上有幾段話，描寫大業末年的政局社會：

　　政刑弛紊，賄貨公行……茫茫九土，並為麋鹿之場，惵惵黔黎，俱充蛇豕之餌……

　　土崩魚爛，貫盈惡稔……終然不悟。

陳水扁之亂政如大唐僖宗等昏君，終使大唐帝國崩亡，性格之無常狂暴又似隋煬帝，以消耗國力為能事，為短命的隋朝快速了結。阿扁則快速為夢幻王國台獨，用一支銳利的針「剃破」，告訴人民「台獨是玩假的，貪錢洗錢才是真的」。

再看更廣的範圍，看全台灣好了，自從台獨思想在島內激化，全台灣儼然唐末藩鎮割據局面。在中國未統一之前，「藍綠割據」局面絕不可能善了，人心如此，人性亦如此。所以，統一還真是治好台灣內部割據及人民對峙的唯一藥方，說奇也不奇，中國歷史的必然嘛！

第十五章　給總統夫人美青女士的一封信

——補述「春秋正義」思想與馬英九的春秋定位

對於台灣社會何時可以變的更好？對於兩岸關係如何可以在穩定和平中發展？如何才能有利於邁向統一？中華民族何時可以繁榮富強？當一個驕傲的中國人？孫大公先生的頭腦，無時無刻想著這些，也總是到處動腦筋。

這回他的腦筋動到了總統夫人周美青女士身上，企圖要夫人「傳話」給馬總統。這樣做的動機，可能擔心若直接寫信給馬總統，信可能也到不了總統手上，他每天日理萬機，千百封信如潮水般湧入，那有「美國時間」可以看孫大公的信。

孫君的腦筋動到夫人身上，企圖打「夫人牌」，馬總統下班回家，必定會碰到夫人美青女士，再忙也要回家睡覺吧！馬總統在家是個好老公，很聽妻子的話。「這封信鐵定管用」，孫君心中必定這樣的想著，毅然寄出這封信（如附印）。

到底何事讓孫大公傷腦筋？須要轉一個彎寫信給夫人美青女士。原來是馬政府陷入「八八水災」困局中，那陣子確實飽受各界指責，政治本來就是現實的，不管前面那八年多黑多爛，但這一刻開始當家，你便得「概括承受」，負起全部責任。

站在人民的立場也是一樣，這一刻選出了新當家的，明天就要「立即」享受到好處。

更何況台灣還有一些獨派媒體，如自由時報，平時藍營好好的做事，自由時報幾乎全年都在製造假新聞。八八水災更是難得的良機，打開自由時報那時的每日報導，幾乎是「抹黑再潑墨、小傷割成大傷、傷口再抹鹽」惡意操控手法，不知自由時報的林榮三、吳阿明等居心何在？

陳水扁家族多麼貪腐，A走多少錢！自由時報都是「高高舉起、輕輕放下」，幾個字帶過。自由時報從不報導馬嫂多麼貪婪，馬嫂全身做公益，自由時報從不報導馬嫂的善行，反而替扁嫂說話，自由時報集團那些二人的良知莫非給狗吃掉吧！因而已從人類退化成「類人」，只選顏色，不顧是非天理了。

再說八八水災，馬政府當然要負責，確實反應太慢，馬英九的「政治語言」不夠「藝術化、人性化」，不能夠打動人心，這是要學習的地方。

但不必因此而否定了一切，馬政府有很多地方做的很好，如大三通、簽訂兩岸經貿全面交流協定等，這是從根本上救台灣之道，也是使中國邁向統一的第一步。這一步跨出去，等於兩岸走向統一之路，不可回頭了，這才是馬英九的終極「春秋大業」（本文後述）

總統夫人美青女士賜鑒：

很抱歉我冒昧寫這封信給您，實在是想藉您的尊口對馬先生作忠言諫諍（附當時我的名片），在他競選總統時，我是馬先生的忠實擁護者，就在美國為他大力拉票（附當時我的名片），中華民國有救了，不可能讓那師那孫⋯⋯正在新政府勢力改革之時突然來了個百年一遇的天災，這是任何政府都難以面對的，可是那些反對當然笑民哈罵理怨政府是免不了的，那些派就見縫插針，開足各種手段來打馬政府亂吠亂叫，在這困健時到希望馬先生能挺得住，雨授目有晴天，我們都在他的後面提他。當然，如果您把我們的心聲直接告訴他，難為您了。

最近海內外輿論多的是指責政府⋯的不理他們的惠高批評。古人「聞過則喜」「有則改之，無則嘉勉」到現在這是真言。我拜讀了兩篇登在美國「世界周刊」上的言論（附），一篇是善意的批判，兩者都需要虛心地細談，假設您認為馬先生有時間一閱，就請他看一看是否則長篇麻煩您看過後委婉進言，我們身在異域，心在祖國。希望很快兩迁天青，國家強起來，人民富起來！

健康快樂，信心滿滿！

七十七歲
孫大公拜上　民98.08.26

先談孫君給馬嫂那封信，孫君把各界的批評言論選兩篇，一篇是「善意的進言」，一篇是「氣忿的批判」，若馬先生沒時間看，希望馬嫂能「委婉進言」。

多日後，總統府機要室回函給「大公總會長」，稱「總統伉儷至感盛情……政府自當虛心檢討」等（附印）。以馬英九的個性、習慣、責任心，判斷這封信他應是親自過目了。而且他二人經過二年學習，現在已慢慢「玩」的自在，這是一種揮灑，但「境界」仍是不夠的。何謂「境界不夠」？只要比較馬英九在八八水災和溫家寶在汶川地震，二人使用的「語言智慧」，境界高下立可判定。溫總理在汶川地震慰問災民說了甚麼？那幾句話是「經典」，任何政治人物慰問百姓，仍可「拷貝、複製」使用，還是管用：

「對不起，我們來晚了！」

「我知道消息後第一時間就趕來了，人命關天，我的心情和大家一樣難過。只

總統府用箋

大公總會長：您好！

　上（8）月26日致　總統夫人大函暨附件，業奉　閱後交下。您身在海外，卻心繫桑梓，適寄堅定支持與鼓勵，並分享報章評論期許，　總統伉儷至感盛情，特囑代致誠摯謝忱。

　此次救災作業引發之批評，政府自當虛心檢討，用心改進，並全力做好後續安置與重建工作，以不負全民之付託。再次感謝來函，便中亦請代向美國僑界朋友轉達　總統伉儷問候之意。特此函復

　　順祝

闔府安康

總統府機要室

98年9月7日

馬英九深陷政治土石流

■陳世煜

台灣八八水災暴露馬英九政府無能，劉兆玄內閣受重創，政府的應變態度、速度、救災語言都不及格，尤其馬對災民表現缺乏親和力。如老官僚饒舌的官腔，證明馬政府是守成型的太平政府，無力處理好天災巨變，最後養美軍象徵性的台支援，劃清政治聯繫，與其說舉府參與救災，不如說是救土石流中的馬英九。

天災巨變後任何政府都會被吋責，是民主社會難免的現象，要看責備者是否厚實。台灣民眾民眾「走偏壞葉、來個率葉、我們都是像葉」的自我調侃不來再度調責，馬團隊的表現恰似不食人間煙火、高高在上的知識分子和冷酷的專業技術官僚，讓民間憶全未變鞠躬的嫌呼，甚至拿馬英九和溫家寶的救災態度、語言比較；由於指揮系統混亂，國軍救災也被評為不如解放軍，何其沉重和不堪。

Long stay沒有改變馬內心的想法，他風聞浸淹官場、風災後他先惊集墓周，再挂地方政府，最後仕民不滿嘯，甚至未反射自省為何執政團隊資訊閉塞和反應能力遲鈍，統合協調太差，證是電視新聞救災更是骨不下之大種、災情七天後才召開國安會議、九天後才外出視援、是甚麼水準的政府？

誠然，發布緊急命令不一定實務，且為九二一地震後已將緊急命令納入「災害防治法」、總統不需緊急命令就可指揮軍隊和統合各級政府救災，但馬英九吁呼民意和稱此表達救災民情體、冷酷「法匠心態」顯證明他沒有政客習氣，相對而言卻是冷血和遲純。

水災四天後，馬才首次巡災區視察，是一名中年婦女當臉跑出來哭喊：「現在什麼都沒了，我會死耶！」馬顯以台語安撫政府會補助，態度卻不知所措。一名墓災女支持者見馬突改顏疑：「要叫你一個道理不容易」馬別沖嘯：「你不覺得我已哭了嗎？」一名淚水生達民忠名說馬英九是救災機率，可以想氣兩分鐘，都可獲得「收容低智能之怒氣」。

馬13日探款養替受災戶，變成機埋地事行，災民滌地的14日更參加職模開除典禮，他到災面對下面即面的民眾，令人動容的畫面馬都償臉僵木然，媒體質問他「只有面對祖靈國時才成表」，對網路媒體開馬英九即事文沉「他們死守家園，你看看他們沒有理解到這次馬災有多嚴重」遺是總統該說的話和應有的揖揮嗎？謙詞後來被轉貼YouTube，普遍音都情激憤，詞斥「We在哭喪酒」，They死守家園，不體的事。

陳文茜和網路上部拿馬英九與溫家寶對比，認為馬的「救災行動比九二一還快」。溫家寶說這過程即「我知道消息後第一時間就趕來了，人命關天，我的心情和大家一樣難過，只要有一線希望，我們就要盡全部力氣救人，哪怕還有一個人，我們都要搶救災區。」「你們的親人，你們的孩子就是我們的孩子」，「時間就是生命，要盡全力救人。」上層馬英九在根本見不人感動的謙語和態度，只有輕蔑表情和無厘頭式的言語。

救災過程，劉防部參謀總長救災陣中正40分鐘等候他視察，軍方救災直升機一度留候場飛過高階長官偶用，黨機走板打為反映出老官僚的迂腐忄惶，這場水災竟然踐暴國馬政府的飢力，外文部乱鋤外宣諸公文攏成道歉，反映業自敗壞下的手足無錯。拒絕外抵其機和援受美軍腿度，隱馬人道救助，但其中的政治意涵和效度很清楚，對今後兩岸關係或終發生微妙影響。水災也意臨凡羅「國家機能」，須求馬政府應變能力抵弱，幸好兩岸走向和解不致衝突，至於國民黨再總達、嚴查評多數還民的責情意願，不討前據。國民黨也值還葉，幸好成遂黨民選撒陳水扁嘗處於「縱復」階段，暫獲統能執政權，否則這樣的總統、這樣的政府，何妨讓他下台激起反省。

4　風｜向　◎世界周刊　2009 8.23

馬總統應習的災難功課

■劉天

台灣發生百年僅見的「八八水災」，整個南部泡在水裡，這一場空前的自然災難，因為政府救援不力，已演變成為馬英九總統的政治災難，輸為他從政以來的最大危機，亦不為過。馬要如何冒險渡場危機？他有沒有轉危為契機的可能？

答案在「八八水災」的教訓，有沒有讓馬總統徹底改變思緒？起碼，他的第一堂災難功課，應該修習「謙卑」。

以「溫良恭儉讓」著稱的馬總統，難道不夠謙卑？如果談謙卑，肯說的態度恰當，馬融謙卑，若論謙卑將置的的自我中心、不願使自用，他多分在了「謙卑」的功課？關鍵確有很大距離。以下的「災難事實」這是以讓馬總統傷動：

一、在國家遭逢這大災難時，領導人民工作做得過分的的，竟是從未涉足政治的馬夫人周美青；而半生從政的馬總統，面對災民和媒體的反應，讓調道稚拙。說明馬總統缺乏平常的政治溝通訓的來經驗，因此，他超然自以為是的本質；劣等生必須痛復習平常學習，態度必須謙卑。

總統夫人的「與民溝通」本事如果係「生而知之」，則馬總統即使再無天份，也要「困而知之」顧苦學習，以洞徹災情真相、肢體動作，其緩徑及處來撫慰萬生的「貴族」心態，不自認顧對這些身世的心理，才會真正謙卑起來，真有如同是心、同情心，與人民一體感覺，便能言民的哀，而用者百姓的感情和憂住的世界，高級知識分子的傷越感。一旦在水災中成圍，必定討好、馬總統和樂兒玄氏哀，恆惜馬政府擺脫桎心，可貴的是「精英政治」派來能貼近人民，在重大災難中，尤其如此。

二、對於不發生緊急命令，馬總統堅持立場、有負社會期望，面同樣是百姓行的；除了「法匠性格」的拘泥之外，其實也與心腸和自視有關。馬既然自認正確，別人便知不下，全界只要遷就他就了——即使他多想動記單記？某種程度面而言，他堪大學博士的學歷反而讓馬總統不能謙卑遷就。須知某一領域知識的再多並不能在每一個領域跨界取得地位——如他遭到災民反比起，馬不得不放下法學手上，讚者斯間隙，學驗各有專實，就是一例，而立法院長王金平選就不發緊急命令，這一牛訴法卻的善意，與劉兆玄立法院不是你相較，顯違立判，因人制宜，是另一例，讓總統手段顧世保發緊急命令的成得，馬事可自我一較比平「率桃馬融」是第三例。

自視高得超越，才會使馬英九硬跼到底，不肯改變，完全沒有聞民情民意爭回聲的空間，也因此為成朝野焦失之的，這是「災難時的最大出氣揚」。

三、馬總統末嘗有不謙虛遭長對，只非止一日，但是馬總統從不思驗及學與辯罪，斯疑所謂唯一二人，曖昧性氣質，出身相同省志讀青紙；因此，爾最的人力、社會中的多方人才，不足以引入國賑採傭；甚至連祖總統報畫長在台後出關董傳傭，面與當初的請參傭的承諾大相遙遙、一借近親型、同質性高的團體，當然會有可怕的判斷首型。遠教、吳伯維、宋楚瑜等政治前輩的手，不予多聯，行而言者往時為品承事？宋關即地方的經驗失政廳察，難道不是馬的損失？他有若干賢能薄像，何至於讓馬在救災中愈帥得名？

「八八水災」如果讓馬總統極大程度地自我否定、學習謙卑，才有可提重新出發。否則，現在的馬英九、一樣的馬遷羅，在大災巨變後的民怨沸騰中，還會有什麼樣為方？只會或遜虛久，一開年至。吳早能轉思己，「八八水災」可說是50年的社會變遷記憶裡台響歹的遷換你即「八八水災」的規糧憶會自然消彭，可不是生政治投暴？因民眾，不置之的，胡志強語來示立場，都有可能是重兩有人從生在俊克女兒證書在水災初列記念願募款新台幣3600萬元，都證明「非馬型」的領導人，仍許台灣各界具吸引力，馬總統必須把「災難功課」化為轉機，才誠從新心做起。

要有一線希望，我們就要盡全部力量救人，哪怕還有一個人，我們都要搶救到底。」

「你們的親人就是我們的親人，你們的孩子就是我們的孩子。」

「時間就是生命，要盡全力救人。」

並非我在本文美言溫總理，這幾乎是全球媒體都讚美（台灣自由時報除外），我對任何政權、任何政治人物，向來以「春秋筆」自居，公平公正批判。尤其拒絕大陸直升機救援，卻接受美國軍機，更是錯！錯！錯！

幸好馬英九在兩岸三通、經貿全面開放做的很好，因為這部份才真正啟動統一機制，再論述。孫大公先生所期待於馬英九正是這些，亦同我補述孫君之所未言者。

為進一步闡揚馬英九的「春秋大義」和「春秋正義」內涵，以後面三個短文為附錄

這是馬英九的「春秋大業」，也是「春秋正義」的實踐。

附錄一：「春秋正義」釋意

「春秋」是指我國春秋時代各國國史的通名，也是魯國國史的專名。現有的春秋記述內容，從魯隱公元年（西元前七二二）起，到魯哀公十四（西元前四八一），共計十二代君主，二百四十二年。春秋的作者是孔子，歷史上為春秋作傳的很多，今傳有左傳、

公羊傳和穀梁傳，簡述之。

「左傳」，另名「左氏春秋」，作者為左丘明，約成於戰國初年。左傳記載春秋時代各國史事甚詳，強調民本思想和禮義，堅定認為國家領導人的一切思維，均要源自「民本」，人民才是國家之本。

「公羊傳」，儒家口耳相傳的解經之作，到漢景帝時才由公羊家族寫成定書，公羊傳闡揚孔子春秋的大義意涵，在大一統、仁政、反侵略思想，尤其在區別「中國」與「非中國」有明確釋意，是儒家政治思想的寶庫。

「穀梁傳」相傳是子夏的弟子、魯人穀梁赤所作。與前二傳相比，穀梁傳更好言褒眨，對當時從政之人有賢、善、美、惡、譏、刺、卑、微之批判，尤其批判貪腐甚力，更闡揚孔子「正名」思想，均屬「春秋之義」。

綜合春秋三傳之「春秋正義」內涵，包括大一統、民本、仁政、正名、反侵略、反貪腐及「中國和非中國之別」等思想，事實上，這些價值孔子在世時，常於各種講經說法、教學、言談提到，經幾千年發展，已成中國社會一般人民及政治人物治國的核心思想。凡是違背這些思想價值，其政權和統治者都很難被人民接受，通常這些政權都存在不久（如地方割據等），不是垮台，便是回頭擁抱「正確」的春秋正義價值。故曰：「孔

子成春秋而亂臣賊子懼」，歷代史官乃本春秋大義標準，證述並批判當時國事。是故，「春秋正義」在我國歷史上，也稱「千年憲法」。

中國歷史上各朝代之被終結或垮台，皆因統治階層違背了「千年憲法」的精神思想，因而被人民推翻了。但有些政權及時醒悟流失「春秋正義」的後果，急忙回頭，回到合乎春秋之義的軌道上，得以「存活」，並開創更輝煌的局面。元初、清初及毛澤東時代的「文化大革命」，都大搞「去中國化」發現路走不下去（硬走下去便是滅亡），便回頭大搞「中國化」，以「取悅」人民，換取政權的「存活」。

台獨執政那八年，是「典型」的違反春秋正義，違反中國「千年憲法」，台獨思想是地方割據的異形，陳水扁家族洗錢案及獨派政客貪污案一一曝光，都是一種「證明」。

證明甚麼？

證明分離主義、地方割據思想的「暫時性」：維持不久的政權，既不久要垮台，有權力的人便能吃盡量吃，能撈盡量撈，撈飽了走人。

當然，萬事萬物都是相對的，要「擁抱上帝」，必「得罪魔鬼」。如馬英九（代表統派）要推三通，便要陳雲林來，獨派激進者（大多是盲從者）便抗議；要辦陳水扁，一群獨魔便會反撲，會有一些些動亂，這是「必要成本」。即使這一點「成本」，還是

有很多人覺得成本太高。

但，那有甚麼關係呢？當長江黃河巨浪衝來，濁水溪或愛河邊那一點微風細雨都是小泡沫，山都擋不住的。中國歷史進行曲有一定的譜調，春秋正義在，邪不勝正。未來台灣的統派要和大陸執政者、人民緊緊連結在一起，目的是宏揚中華文化，高舉春秋正義、仁政、民本，正名的大旗，統一便是很自然的得到全民支持而如水到渠成，也很自然的終結掉台獨。就算有極少死硬派反抗，惟大勢所趨，小泡沫起不了作用。

啊！孔子，有你便有中國

無你，中國在那裡？

附錄二：義便是義，還有甚麼春秋正義？

「義」是人的良知和理性的表現，也是判斷是非、善惡的標準，其標準亦有消極面和積極面兩個「水平」。從消極面說，凡不合乎義的事，我們斷然不做，這叫「有所不為」；從積極面說，凡合乎義的事，我們必須去做，這叫「有所為」。

到底一個人應該有所為，還是有所不為？得視事情之性質和機緣。故孔子講「執兩用中」，孟子曰：「義者，宜也。」韓越說：「行而宜之之謂義。」都是在解釋一個人的行為，如何才是「義」。合宜就是義，就是正當；不合宜就是不義、不正當。孟子又說：「羞惡之心，義也。」又曰：「非其有而取之，非義也。」已明示吾人「有所不為」、「有所不取」，凡損人利己，有害公眾之事，均為不義。而「己立立人，己達達人」，便合乎義。

中山先生講的義，就是「正義」，他在「民族主義」第六講說：「講到義字，中國人在很強盛的時代，也沒有完全去滅人國家，比方從前的高麗（又名朝鮮，今韓國），名義上屬中國的藩屬，實際上是獨立國家。就是在二十年以前，高麗還是獨立，到了近一、二十年高麗才失其自由（指日本發動甲午戰爭併吞韓國）。證明中國人講信義，日本人不講信義。」中山先生又說：「中國強了幾千年而高麗猶在，日本強了不過二十年，便把高麗滅了。」孫中山以史事說明倭奴鬼子是不義之民族，而我國如孟子言「行一不義，殺一不辜而得天下，皆不為也。」亦見兩國（民族）文化之高低。

當代猶太社會思想家諾錫克（Robetr Zozick）在他的「正義論」指出，人類行為如何才算公正、公道合乎正義原則？牽涉三個主題：第一個是最初取得的方式是否合宜？

第二是轉移過程，如某甲轉移到某乙，是否涉及藉交易、贈送、或欺騙、脅迫等不義行為而達成？第三為過去不義之擁有，經過改正、補救手續，得以堂堂正正的擁有。以上諾錫克稱「獲得、轉移、改正」三正義原則，此與吾國古聖先賢的正義論述相通。

以上析論，亦見正義是人類社會的普世價值，為人類社會之能成「人類社會」最重要的價值標準。

吾人為何正義之上又加「春秋」，這顯然是民族文化的設限，如伊斯蘭文化以信仰阿拉為正義標準，其他民族亦同。我國「春秋正義」，源於孔子作春秋，後世為春秋作傳者最有名的三家是左傳、公羊傳和穀梁傳。綜合各家內涵有四：

● 禮義廉恥是國家社會的普遍價值。
● 仁政、統一和反侵略是中國政治思想的核心。
● 發揚論語中的仁義道德忠孝節義精神。
● 對不義的統治者秉筆直書亦恒持批判態度。

以上四個內涵正是春秋正義的四大價值標準，在中國歷史上講任何人的行為，義與不義，甚至歷史走向，都受此規範，春秋正義也叫中國歷史文化的「千年憲法」。故「孔子成春秋而亂臣賊子懼」，如公元二○○四年「三一九槍擊案」和現在這些台獨份子，

甚麼都不怕，就怕春秋正義之前，「董狐」之筆不留情，說他們是亂臣賊子，篡竊者，這恐怕是無可避免的歷史定位了。嗚呼！傷哉！篡偷盜均不義也。

附錄三：馬英九的魄力、智慧和歷史地位

春秋正義價值史觀之彰顯

馬英九就職總統已兩年多，各界褒貶聲音很多，平實而論，國家不可能兩年就全部「翻紅盤」，且褒貶之聲大多在「枝枝節節」上打轉，未切中「要害」。

國家領導人之大任，在如何把持國家的「大政方針」，向正確之方向前進；而不在某立委說錯話，某縣市長不聽話，吾人以為，中國古來的政權領導人（含分裂時代各地方政權領導人，不論稱王稱帝或叫「總統」。）其魄力、智慧和歷史地位的唯一評量標準，便是對「春秋正義價值史觀」的堅持與不斷的力行實踐。所以，「馬路」還長得很，特藉本書出版之良機再贅數言，以啟黎民百姓心智，並解眾惑。

從這兩年檢驗，馬英九的魄力和智慧展現在辦扁家族貪污案，及「大三通」的實現。

很多人罵馬英九無能懦弱等（這是台獨操弄出來的），若真如此，扁案就辦不下去，三通亦無望，同文同種的炎黃子民仍在對立。

有人又會天真的說，司法獨立辦案，又不是馬英九辦案，這是「政治白痴」的天真想法。像扁家這種動搖國本及社會根本的大案，絕對要國家領導人的「意志支持」，才辦的下去，此非「下指導棋」，而是對司法獨立的支持，以確保廉能價值（即春秋正義價值的一部份）。眼前亦有「鐵證如山」可以詮釋之，即陳水扁在位時，整個扁家族及滿朝貪官，司法單位為何都辦不下去？必待馬英九就職後，才開始辦「前朝」官員，才把竊國竊位的大貪污者陳水扁「押」起來！這表示所謂「司法獨立」是有限制的，也有時空關係的，更須要國家領導人堅定的「意志支持」。

但馬英九最終極的歷史定位（或地位），並不能止於辦陳水扁，而在他的「終統論」之實現。若他只用嘴巴說說，沒有在「操作面」逐一實踐，小馬哥終究僅是「地方割據者」，在中國歷史上的定位可能很負面，頂多是清廉者，而對國家統一沒有貢獻。因為，春秋大義價值史觀不是光用嘴巴說的，說而不做是「政治語言」，言行合一才曰春秋之義。

所幸，小馬哥已經親自啟動終統的「機制」，此便是大三通，這個機制一但啟動，便是加速其不可逆的統一進程，最後導至中國統一，他所說「在職期間不與中共談統一」，再清楚不過是「政治語言」，他至今確實沒談過統一，但有關統一的各個變項，已二一被解決「攻破」，使統一更為有利，這是小馬哥的智慧和魄力。

馬英九的春秋大義歷史地位，我這支「史筆」就先記一筆了，我肯定他對國家統一必將有更大貢獻。

總結本文孫大公先生為馬英九的設想，給夫人的信，期盼夫人能傳話、進言，孫君用心確是良苦，無非盼望馬英九能在統一大業上做出貢獻。假如吾人以軟硬區分，則馬先生從「硬體」上下手，馬夫人則從「軟體」上努力，同樣在為中華民族的春秋大業而奮鬥。所謂「不統、不獨、不武」，在「現在」（馬在位時）是「政治語言」，根本是說給活老百姓聽的，現在當然是「不統」，其他二者也不必顧慮，而針對可以「統」的部份，馬先生已經啟動，可喜可賀，中國歷史會給馬英九，和

周美青應有的「春秋定位」。

　寫本文時，三通早已在馬英九的魄力下通了。而兩岸經濟合作架構協議（ECFA）也已簽訂，獨派的「暴力小英」死拼要反對，但弔詭的是他們自己做的民調卻有七成民眾同意簽訂，獨派應順從民意才對。

第四篇

人生有夢，但悲不見九州「統」

第十六章　最後「賭」一把

——孫先生對「博奕」事業的看法、努力與信念

人類社會發展幾千年以來，各大文明系統（華夏、印度、古希臘、羅馬、伊斯蘭），對人的本性中之「色」和「賭」，從未給予正面評價，視之為罪惡。至今在常民社會中，絕大多數仍如是看法，各個文明只不過「五十步笑百步而已」，只有負面評價的「程度」差別！

直到資本主義、民主政治開始流行（約十八紀紀後），「色、賭」有了翻身的機會，得到法律上的認可，即所謂「合法化」，經由議會立法給從事「色情行業」的人，有「合法」的地位。例如，我們常聽到的「性工作者」，不論男人女人，凡以提供性服務（性交）產品，以獲利來賺取所需都是。這種新思維認為「性交」也是一種「工作」，社會必須對幹這種行業的人，尊重其「工作權」，並有法律之保障。

準此思維，英美等西方民主國家，乃至東方的日本，早有「性工作者管理條例」、「色情行業規範法規」、「性產業發展條例」……不計其數的法規條文。日本是目前性產業規模最大的國家，有人說笑話，日本自衛隊的經費靠性產業維持就夠了。此非笑話，是真實的，日本媒體曾有「高中女生亡國論」之呼籲，因為高中女生（年青）都下海「賣肉」了。眾所周知，倭國攻佔全球經濟市場的兩大產業勢力，一是性產業，另是漫畫，此二者創造的利潤超過日本汽車。

很多人奇怪，倭國不是受中國儒家思想影響很深嗎？也確實，唐代他們就派「遣唐使」到中國，主要學習中華典章制度和文化等。可惜在明治維新他們走上西方資本主義社會，才產生軍國主義，所以所謂的「倭國文化」已經不東不西。產生質變和異化。例如，中國佛教傳到倭奴國也變質了，出家的和尚可以取妻生子，肉照吃酒照喝，那何謂「出家和尚」？又如何「六根清淨」？這問題當然是很大，惟深論之恐偏離本文主題，我把筆腳拉回來！

在全球化、民主化的浪潮下，世界沒有任何國家可以「圍堵」色和賭的入侵，尤其當此二者發展成一種「國家產業」後，鉅大的經濟誘因，有如「全民吃鴉片」。其結果，色情產業合法了，政府當「莊主」，全民來賭，各種形式的賭博（樂透、六合彩……）

全民日以繼夜 High 翻天了。美國、泰國、新加坡、倭國……以「性」和「賭」為內涵的產業，極可能是廿一世紀全球經濟中的「龍頭產業」。

台灣不可能把這種趨勢阻絕在外，何況台灣移民社會的本質就是「賭性堅強」；再者，當台灣的執政者看到人家搞賭場帶動觀光人潮，也想如法泡製，只是十多年來「博弈產業」仍停留在構想階段，台灣為甚麼做不起來？此非我拿手領域，故不析論。但本書主角孫大公先生卻很早就關心台灣的博弈事業可能的發展，我從近幾年來孫君與國內有關方面的書信往來，研究他對國內博弈產業的看法和努力。

依理觀察，研究孫先生的思想背景，他是深受中華文化傳統影響的人，對「賭」和「色」沒有好感。在他給親友章果立先生的一封信，孫君認為「賭」

了以部長貽鑒：

三月廿二日以前為備助馬先生選總統先生備極辛勞卻也是為現今擔負重任之前奏，所謂「天將降大任於斯人也，必先……」內政事務所管繁雜，然以先生之大才當能遊刃自如，難不到也。

久聞台灣欲為「博弈」以振興觀光事業，可是水可載舟，亦可覆舟。若美國拉斯維加斯之賭城，其暴利皆被賭坊老闆攫取，無益於民是有定論。但若加州之「樂透」彩券，除賣彩者有利於外，餘皆由州政府補貼教育經費有利於民，如果「博弈」立業之初方向不對，則後患無窮。想改也難，因此力避，當面報告其「健康之博弈」觀念與做法，以期台灣可使用。

源，方絕的鉅額收入吾補貼健保、教育工研等，能很快地讓台灣經濟再起飛，重返龍首！

章君為「博弈」界不可多得之人才，他是華人中第一位博弈業的高級經理，目前現任維加斯傳美公司的財務長，善得老闆器重，因他使公司務觀為盈也。

章君預於九月返台參加其弟之婚禮，屆時擬命其當面向部長報告及回答任何有關「博弈」之問題。即頌

政祺

又及：附美簡歷及博弈資料三張。

弟　孫大公　拜上　2008.07.01

和「毒」是同義字，故根本不贊成賭博。（詳見附印原件）

但另一方面，孫君留學美國，且長居多年，也理應受到西方民主思潮和制度影響。

所以，他在該信同時也說，「賭」的盈餘（利潤）拿來做公益事業，如國民健保，將功贖罪，否則正常社會應該禁絕賭博才對。吾人以為，以孫君受現代高等教育之人，當不至於完全一味的反對台灣開展博奕事業，只要能有配套制度，對國家民族有益，還是可以發展這項產業。於是，孫君開始了他的書信攻勢，承辦部門是內政部，他的信當然先寫給當時的內政部長廖了以先生（均如附印）。

二〇〇八年七月一日給廖部長那封信，孫君把美國開放博奕事業的利弊先陳述一番，「拉斯維加斯式」是有害的，而「加州式」是有益的，孫君希望台灣一開始，方向就要正確；若開始方向有誤，以後要改可難了。

為一開始能有正確的方向，孫君在信中不避親嫌，推舉章果立先生給廖部長。並述章君是博奕界的人才，屆時將命其當面向部長報告及回答任何有關博奕之問題。（章君是否向廖部長報告，及有無進一步發展，非本文論述內容，故略之。）

我所關切者，是孫大公先生到了耄齡歲月，又找到一個「春秋戰場」，在這個戰場上他努力爭取的是國家人民之利，而非個人私利。於是，廖了以之後，孫君再發動幾波

書信攻勢，這些信寫給馬英九總統、吳敦義院長、澎湖縣長和議長等，理念作法均大致類同。（見附印各信）

很快的，各相關單位，包括總統府公共事務室、交通部觀光局賴瑟珍局長、行政院

二〇〇八年七月九日 星期三 WEDNESDAY, JULY 9, 2008　世界日報　香港經濟

澳門博彩收益 估達千億澳幣

博彩業仲介人碼佣明令上限1.25% 違者將受罰

博弈首要全民蒙其利

台灣開放前 應諮詢賭城才德兼備專家

秘書處、內政部江宜樺部長、交通部毛治國部長（均見附印公函），紛紛回函給孫大公先生。估且不論這些信對台灣的現在藍營執政者，推動博奕產業是否有了影響，非本文所能評量，惟從政治學領域觀察，有下列評價：

第一、領導階層與下層常民社會的「垂直流動」是暢通的。統治者能能否反應（代表）民意？一般常民（庶民）觀感能否經由「垂直流動」流到上層執政者耳中？這個流動管道是暢通的，有著重要的地位。反之，垂直流動若因任何理由而阻絕，領導階層便可能高高在上的被「架空」了，這是天大的政治危機。

第二、民主社會是一種「參與」的政治社會，故有關國家重大公共政策，都須要讓人民有「參與感」，這不僅是人民心中的「感覺」，更是一

種實際的參與過程，參與最大功能是維持政治系統（Political System）的安定、穩定，人民有管道可以表達對公共政策的意見，並得到領導階層的回應，自然可以形成參與感。

第三、象徵權力的謙卑。政治學上的名言，「權力使人腐化、絕對權力使人絕對腐化」，但權力為何使人腐化？源頭就在掌握權力的統治階層開始變的傲慢、自大，開始不懂「謙卑」為何物？惡化下去再「進步」，便是騎在人民頭上，為所欲為，貪污搞錢，再向前進步，便是政權的滅亡。

從孫大公先生寫信給馬政府各部門，大談他對台灣推動博弈產業的看法和努力一事，並進而觀察馬政府的反應，從以上三個標準（垂直流動、政治參與、權力謙卑），不論如何觀察和檢驗，就政治社會專業研究來論，為馬政

交通部觀光局　函

機關地址：10694臺北市忠孝東路4段290號9樓
聯絡人：政璘萍
電子信箱：wptuan@cbroc.gov.tw

14932
Mayten Ave. irvine, CA 92606, U.S.A.
受文者：孫大公君
發文日期：中華民國98年7月22日
發文字號：觀技字第0980021162號
速別：象速件
密等及解密條件或保密期限：
附件：

主旨：有關台端致總統函，針對離島規劃博弈產業所提建議乙案，復如說明。

說明：
一、依據交通部98年7月15日交路字第0980042336號函轉行政院秘書處98年7月10日院臺交字第0980046368號書函辦理。
二、有關開放博弈產業之政策，政府係依據離島建設條例等相關法令規定辦理。感謝 台端提供案果立先生之寶貴建言供參。

正本：孫大公君
副本：總統府台公事務室、行政院秘書處、交通部(以上不含附件)

局長　賴瑟珍

副本

總統府公共事務室　書函

地址：台北市重慶南路1段122號
聯絡方式：

David Takung Sun
14932 Mayten Ave. Irvine, CA 92606-2854
U.S.A
受文者：孫大公先生
發文日期：中華民國98年07月07日
發文字號：華總公三字第0980016184號
速別：
密等及解密條件或保密期限：
附件：如文旨（副本無附件）

主旨：檢送孫大公先生6月16日致總統函及附件，就所陳有關政府擬於離島規劃博弈產業之建議，請 李處遷後，並副知本府。

正本：行政院秘書處
副本：孫大公先生

總統府公共事務室

府打一個「優等」，應是台灣多數人民可以接受（二〇一〇年六月）。馬政府的兩岸經濟合作架構協議（ECFA），以民進黨自行公佈的民意支持度，同意者也達七成，若國民黨公佈民意支持豈不更高？

澎湖郝副秘書長

勛鑒：

報載政府有意在澎湖舉辦博奕活動，此事有利有弊，因為人民也有贊成和反對兩面。

因為「賭」之為害与「毒」相同，所以不必辦。如果非辦不可，則宜將利益歸於人民，亦即賭坊由政府主辦（國有）招商經營（民營）。至於龐大之建築費用，美國多的是銀行願意貸款，我的一个親戚就替印地安原住民申請貸款蓋了好兒家大賭坊（從規劃到經營），可以問、他如何由政府自手舉辦？每年的鉅大盈餘，與其被賭博財團取去，何不留下来為人民造福？！不知閣下以為然否？

耑此，敬頌

政躬康泰

又：附友人之西篇

孫大公謹上

2009.09.24

正本

行政院秘書處　函

地　址：10058 台北市忠孝東路 1 段 1 號
傳　真：(02)33566920

受文者：孫大公先生
發文日期：中華民國 98 年 10 月 5 日
發文字號：院臺秘字第 0980063440 號
速別：速件
密等及解密條件或保密期限：
附件：

主旨：台端本（98）年 9 月 22 日致本院吳院長函，業已轉陳知悉，並囑特函復謝，日後尚祈多賜支持指教。

正本：孫大公先生
副本：

行政院秘書處

古今以來有多少國家興亡？多少朝代政權更替起落？

多少政治黨派生滅？然而，政權之所以得到人民支持，不

過是前面那三項看似「簡單」的標準，實際上是政治社會

的「準定律」。若違反了「準定律」，或許尚不至於在極

短時間內發生「立即死亡」危險，但也「拖」不久，遲早

要面臨「國家滅亡」、政權崩潰」的命運，死的很難看，中

外史例真是太多了。滿清末年、法國路易十六，乃至台灣

獨派的八年陳水扁偽政權……

類似路易十六政權、台灣的獨派，都是一批政治貪婪

者，對權力失去真誠和謙卑，人民對國家事務亦無參與機

會，更無參與管道（垂直流動停止）。其統治基礎失去合

法性，此類政權，不亡何待？

以上是我從孫大公先生與馬英九政府，一些書信公函

往來，所解析政治興衰、政權興亡的道理。世間事看似變

化萬端，仍有不變之真理；貪婪者和無恥政客看似高高在

副本

內政部　函

機關地址：10017台北市中正區徐州路5號7樓
承辦人：林長庭
電話：02-27086633
傳真：02-27480994
電子信箱：laytie@mail.cib.gov.tw

David Takung Sun 14932 Nayten Ave Irvine,
CA82606-2654 USA

受文者：孫大公君
發文日期：中華民國98年10月19日
發文字號：內授警字第0980193949號
速別：
密等及解密條件或保密期限：

主旨：有關民眾孫大公陳訴有關離島博弈事業，建議由政府主辦
並招商，與由民間經營，俾將利益歸於人民一案，事屬 貴
管，請 查照。

說明：依據行政院秘書處98年10月12日院臺建字第0980064124號
移文單辦理。

正本：交通部
副本：孫大公君、行政院秘書處、內政部警政署、警政署(秘書室、刑事警察局)

部長　江宜樺

依據書副分視定核蓋職章後方得行

副本

行政院秘書處　移文單

地　址：10058台北市忠孝東路1段1號
傳　真：(02)33566920

受文者：孫大公君

發文日期：中華民國98年10月12日
發文字號：院臺建字第0980064124號
速別：
密等及解密條件或保密期限：
附件：被通知者具見附件各1件

主旨：孫大公君陳訴，馬政府有意在澎湖舉辦博弈事業，並建議
由政府主辦並招商由民間經營，俾將利益歸於人民一案，
因屬貴管，移請核處逕復並知本處。

正本：內政部
副本：孫大公君（無附件）

行政院秘書處

上，可以為所欲為，行家一看便知正在崩解潰散的邊緣上掙扎。這些信念在孫大公的函件中沒有說出來，我以研究者為他詮釋，為他補述，孫君所牽掛於中華民族者，所牽掛於廿一世的中國是一個統一、繁榮、富強的國家，難到不是前面我所談的三個標準嗎？

假若，廿一世紀的中國政治環境能合於前面三標準，何愁中國不富強、繁榮、統一呢？何愁所有分離主義思想（如藏獨、疆獨、台獨等毒素）不能「自動」清除呼？

世紀之輪來到二○一○年春，在三月廿五、廿八、卅一日，孫君有連續三封信給章果立先生（均如附印），第一封談到博奕事業的「國有」「民營」議題；第二封重提夢想中大獎能成立「孫氏文教基金會」，能復興中華民族固有文化四維八德的行動，以及寫信給有良心的富翁等事，結果都石沉大海。最後想和淨空法師見一面，孫君仍不斷的

正本

交通部　函

機關地址：10052 台北市仁愛路1段50號
傳　真：23899887
聯　絡　人：蔡育顯
聯絡電話：02-2349-2157
電子郵件：tsai0325@motc.gov.tw

受文者：孫大公君

發文日期：中華民國98年10月27日
發文字號：交路字第0980057217號
速別：速件
密等及解密條件或保密期限：普通
附件：

主旨：有關台端陳述建議離島博弈事業應由政府主辦並招商，再由民間經營一案，復知說明，請查照。

說明：
一、依據內政部98年10月19日內授警字第0980193949號函轉台端98年9月24日陳情畫辦理。
二、經臺離島設置觀光賭場，係依據98年1月23日修正（總統華總一義字第09800018541號令修正）離島建設條例第10條之2第1項之規定，開放離島設置觀光賭場，應依公民投票法先辦理地方性公民投票，其公民投票投票結果，應經有效投票數超過二分之一同意，投票人數不受縣（市）投票權人數二分之一以上之限制。俾地方政府依規定辦理地方性公民投票，本部將遵重公民投票案投票結果。

正本：孫大公君
副本：行政院秘書處、內政部

部長　毛治國

在找機會，盡管至今一個機會都沒有，也不代表明天沒有機會。這是「孫大公精神」，一生堅持的信念，不因成敗或無實踐機會，而使信念減損半分。

這種「孫大公精神」是甚麼？一種成功機會不大的信念他何苦堅持呢？或許行銷、直銷的商業界有句廣告詞可以詮釋：「有夢最美，夢想使人偉大。」

三國時代孔明的北伐政策、收回台灣後鄭成功的北伐大業、一九四九年後蔣公的反攻大陸政策，吾人以為，以他們三人的政治智慧，應知實際的成功機會或完成大業的機會，已經沒了（不過是常識）！但他們仍堅持著統一大業的信念，堅持到最後一刻，生命即將結束，而信念仍無絲毫減損動搖。他們之所以成為民族英雄，在中華

民族春秋史上有著崇高的定位，不過是這點信念，而不是他們的事業成功否？（注意！孔明、鄭成功、蔣介石三人，最後的統一大業都沒有成功。）

於此，我反思「孫大公精神」，本書將出版之際、他也八十歲了，他的夢想還有多少實踐的機會？就算完全沒有機會，他所堅持的春秋思想，與孔、鄭、蔣三位民族英雄，其實同樣偉大，同樣千秋讓人懷念和感人。

果主：張育興〔？〕寄來「博奕服務建議書」，可是我並不贊成，因為光板〔？〕不贊成賭博，我認為「賭、玩、毒」是同義字，而不過「賭」有可能拿血汗錢做公益～精～如國民健保～將功贖罪，否則正常的社會应該禁絕。

基於愛國愛民的心理，我想政府喜歡開賭博的話，就应該開你的「國有」「民營」事業列才对。

固法不斷推薦你的理論。凡事總要想開萌芽的時候加以引導和鼓勵才是最有效的。所以我不忖冒昧寫信給有樣之士，希望他们一開始就走对方向

假設你已看了我給你的第二封信，就會知道我最想做的是救中華民族固有的倫理道德！

祝你

諸事順遂

大公弟

2010.03.31

第十七章　夢想著有一億元能夠……於是……

據聞「做夢」是人類這物種獨有的專利，地球上無數種類生物只有人類能做夢，科學家如是說。惟不知如何證明人類以外的生物不會做夢，估且相信學界說法。

但我想也是，只因人類會做夢，人人有夢，有的是夢想，有的是理想。小朋友從幼稚園開始就會說，長大要當老師、科學家、太空人……如現在美國服裝界當紅的吳季剛，五歲時就向媽媽說：「我長大一定要當服裝設計師。」而國內政壇上忽左忽右且一度走紅投機政客，如今已沈寂的許信良，他從小夢想當「大總統」。我想，路邊的流浪漢也該有他的夢想吧！

因此之故，所有生物只有人類有「文明」和「文化」這種東西。人不斷夢想著，用一生追尋、實踐，文明文化乃不斷積累、創新、進步。而那恐龍再厲害，猩猩多聰明，並未創造出人類所言之文明文化。

吾人觀察人類的夢想或理想，與年齡有直接關係。通常年青人夢想多，老年人夢想少或無，就算人老無夢，至少也還想著如何落葉歸根！或如何處理後事吧！

當我著手要研究孫大公這個角色，當然也要了解他的夢想，不論他有夢無夢，或如一般許多老人只剩「殘夢」。發現他的夢可能比年青時代更多，年青時只有單純的「從軍報國」一個夢，一個立即可以實踐的夢想，他毫無猶豫，毅然決然地投筆從戎。一個台北工專已畢業服完預官役，大好前程就在眼前（他習土木），卻來個一百八十度大逆轉，投向鳳山陸軍官校廿八期，從一年級入伍生起步出發，這要多大決心？拋棄眼前的美夢，擁抱未來不可知、不可測的夢，這是一個單純的夢。

到了現在，已接近八十歲的老人了，他的夢想

似乎更多（應該說他不斷在實踐的理想）。也想阻止日寇

入常、揭發更多南京大屠殺真相、為兩岸肅貪防弊盡心力、

寫信給馬英九、胡錦濤……成立「復興傳統文化基金會」、

「倫理道德基金會」等。他心中想著一個個問題，然後，

用他的方法就「開幹」了！

有一回孫君回台灣，我請謁一見，閒聊時先生說：「我

每次都買幾張樂透，如果能中一億元，或少些也可以，馬

上成立一個恢復傳統倫理道德的基金會，我看禮義廉恥快

丟光了……」等云。

後來他給我的信也常提到，他真的心中盤算著這樣的

事，而且真的用各種方法找錢，至今尚未找到有一億元可

以實踐心中的春秋大業。

終於「機會」來了，美國金士頓公司創辦人之一的孫

大衛先生，因與孫大公先生有相同的英文名字，有些孫大

衛的信件竟寄到孫大公的府上。這是一九九六年間的事，

孫大公先生也從媒體報導中得知，孫大衛的一些簡要背景，知他是仁慈的大企業家，把盈餘拿出一億美金回饋給員工，媒體報導是孫姓中國人的光榮。

孫大公於是寫了一封信給孫大衛（如附陳），贊美孫大衛的義舉，進而遊說他成立一個基金會，孫大公甚至連基金會的組成架構、任務都幫忙擬好，就叫「孫氏文教基金會」。其中國分會支持各地小學的「希望工程」，辦理孔孟文化的宣揚等；而台灣分會要做孫中山遺教宣揚等。可以預知，他這封信出去可能石沈大海。

果然是，所以又隔了大約兩年，孫大公再給孫大衛寫一封信。大公先生可能想　到前信是否被當成「詐騙信」處理掉了，故無反應。這封信（如附陳）乾脆表明身份，「台灣陸軍總司令和

孫大衛先生大鑒：

前兄天在報上又看到你對員工慷慨分紅的新聞，這真是和我們的中國企業家習慣不同，我的中國人乾是与衆不同，在這裡讓我敬佩之際。前年在讀到你將一億美金當作紅利分給員工的新聞之後，我曾寫一封信給你（附剪報）建議你（不論是中國人或是美國人）最簡單有效的方法是成立「基金會」（如洛克斐勒、福特等），如此可以用利息不斷地來做有意義幫助大家的事。可惜兩年多未不見片紙隻字回音，不知是你沒收到，還是不屑下問。總之我作此善意的建議是為你著想。我今年已七十六歲

又走學土木工程的，不會藉此向你下拿本級司令大半是我的學生，我還不至於是在外招搖撞騙之人，所以如今台灣陸軍總司令和以下各級司令大半是我的學生，我還不至於是在外招搖撞騙之人，所以

我們生不帶來死不帶去，能有機會和能力為同胞多做点事，也是功德一樁！我的誠懇建議（也）是值得你再三考慮一下。

此　照頌

時祺

孫大公　拜上
1998.9.24
P2

以下各級司令大半是我的學生，我還不至於是在外招搖撞騙之人，所以我的誠懇建議還是值得你再三考慮一下。」信未不忘提示金錢生不帶來死不帶去，有機會和能力為同胞多做點事，也是功德一樁。

十一年過去了，沒消沒息，表示孫大衛先生可能根本沒看到信，在秘書關卡就被丟進垃圾桶了；或看到，但根本不認同或認為沒必要，連回函都是沒必要的，孫大公是誰？聞所未聞，也確實是。但這樣的挫折是否就熄滅孫大公先生夢想的火花呢？

一點也不，他坐觀時局，尋找可以實踐夢想的機會。

二○○八年間，海內外媒體報導台灣第一首富郭台銘，要把他的總財產的九成，至少有一千多億台幣捐公益，這可是一筆天文數字，同時報導郭董和新婚妻曾馨瑩的喜事訊息。

孫大公先生審視情況，認為機會又有了，適當

的對象已浮現。立刻給郭董去了一封信，陳明事由並也擬訂了「郭曾文教基金會」（均如次），說明該會專門振興中華固有道德文化，使中華民族走上興盛的正軌。孫大公也自我表白一番，聲明自己滿腦子強國富民思想，只是自己命中無財，不能成就大業。今郭董有能力、有財力、有愛國思想，期待能捐錢做振興文化的大事業。信中孫君也表述自己的背景，獲取對方的信任。

那封信寄出後，結果也是可想而知，又沈入海底，但孫先生的心可沒沈入海底！

大約隔了快兩年後，孫大公又給郭董去一信（筆者註：部份字影印不清，由筆者補寫，故有不同字跡。），信中指出所觀察到兩岸中國人的問題。認為兩岸經濟起飛了，但精神日趨墮落，世界所看到的中國人是暴發戶和敗家子的形象，這是「亡國亡種」的趨勢，愛國的大企業家應該深思這個問題。

此處我想先詮釋孫大公先生所述，「世界所看到的中國人是暴發戶和敗家子的形像」，是否確實如是。假設吾人把這種形像定義為「腐化」，那麼人世間只有三種國家制度（社會），可以在「理論」上完全不出現任何腐化的現象，一者如柏拉圖的「理想國」，二者完全共產主義社會，因此二種社會是假設人沒有私心和私財；第三種是如回教基本教義國家，人的思想完全宗教化、淨化過的一種修行生活。

我如此論說，無異告訴所有讀者，目前地球上大約有二百個國家，所有國家在他們的社會中「必然」出現腐化現象，但我們確實不能稱這二百國家都是「貪污腐化的國家」。惟為何有的國家被稱「清廉度很高的國家」，而有的被稱「貪污腐化國家」？關鍵在經過經驗研究後，如何確立「個案」或「普遍」現象，進而評量出貪污腐化的「程度」。是故，我們把全世界所有國家，排出一個「貪污腐化程度表」（瑞士洛桑管理學院常做），從最清廉到最腐化，只是「程度」上的不同。

至於中國社會是否普遍存在如孫大公所言者，「暴發戶和敗家子的形像」及「亡國亡種」的趨勢，這恐怕也是「程度」上的問題。倭國社會研究家大前研一在他新著「低ＩＱ時代」（台北：商周出版，二○○九年十二月廿九日。）一書，在中倭兩國社

會集體智慧有如下描述：

如果再這樣下去，日本一定會變成葡萄牙。

我們（倭國）現在所實行的不是民主政治（Democracy），而是蠢蛋政治（Idiocracy），或眾愚政治（Mobocracy）。政治走到這個地步，「低IQ社會」總算是真正竣工了。

電視「搞笑」、「猜謎」節目洪水般，更大力促進低IQ……日本人的智商就是在小泉執政時代大幅衰退的……遲早有一天日本人在亞洲，會淪為被其他亞洲國家差遣的人種，而且這一天就在不遠矣……

到中國讓我驚訝的是，所有的中國人民都具有強烈自我提升的企圖心。司馬遼太郎在「坂上之雲」中所描繪的那種狀態，現在就出現在中國了。簡單來說，中國人民人人都想「出人頭地」。

（中國）教育出來的人才也是世界通知……當我在中國看到……真是非常驚訝……

「中國學」早已是世界之顯學，讀者若走一回書店，有關中國的書籍真是汗牛充棟，滿山滿谷啊！我引大前研一看到的中國。並非要用來推翻孫大公的「亡國亡種」說。我

的動機要研究孫大公這樣說的用意，原來和「成龍」有關，就像父母期待子女成人中之龍鳳，每天「盯著」這孩子，不許偷懶、不許脫軌、不許「貪污腐化」等等……孫君如此「盯著中國」，有問題就投書有關方面，要求檢討改進，甚至從嚴批判，務必使其（中國）盡善盡美，使中國人真正、完全脫離十九、二十世紀的恥辱，在國際上受到敬重。

這當然是一個「應然」的期待，可謂兩岸及海內外所有中國人的共同期待。但身為政治、社會之觀察研究者，我亦必須從「實然」問題，指出實況將會怎樣發展：

第一、政治發展（Political Development）過程中，通常先啓動經濟改革，使人民先富起來。突然湧來的錢，讓有些人產生暴發戶和敗家子情況，幾乎是必然的過程。英美國家如是，台灣亦如是。

第二、許多國家政治改革未成功，社會便可能永遠停在「腐化」狀態中，此即學術界常說的「菲律賓化」。這種狀況很多，中南美洲、東南亞、非洲等，使很多國永遠處於貧窮、貪污、腐化，不斷輪迴，永遠起不來。

第三、中國正在崛起，但改革過程出現很多「資本主義現象」，如貧富差距大、貪污腐化等，似乎也很難避免。因為不論如何改革，中國絕不可能成為「理想國」，那麼就只能期待貪污腐化這種事，控制在「點」（個案）的範圍內，而不會發展成「面」（普

遍）的現象。

但若要在中國之崛起中，成為讓最多中國人（及各國人民）肅然起敬，讓廿一世紀成為中國人的世紀，須要有更多像孫大公這樣的人，投入心力為國家民族做出貢獻。然而，到本書出版之際，孫君仍未找到可以出資一億元的企業家，難到這個夢想，永遠是個夢想?!

第十八章　但悲不見九州「統」

——不忘國恥，反省這個時代

戲改陸放翁詩　　孫大公

之一

死去原知萬事空，但悲不見九州統；

英九當選總統日，家祭毋忘告乃翁。

之二

死去原知萬事空，但悲不見九州同；

阿扁送進大牢日，家祭毋忘告乃翁。

我讀近代與當代中國史，身感十九世紀的中國人是普遍的悲慘；二十世紀上半也多

是痛苦的，末葉開始感受有尊嚴，廿一世紀初開始，

幾乎所有中國人都會對中國前途充滿希望。尤其二

○○八年辦完奧運，我們深信著廿一世紀是中國人的世紀。

完全恢復，我們深信著廿一世紀是中國人的世紀。

就在吾國崛起之前夕，這小島上的風風雨雨，

卻仍然撼動許多人的心弦。尤以像孫大公先生這樣

的熱血男兒、愛國志士，更怎能不牽腸掛肚著兩岸

關係？對島內阿扁偽政權的貪婪腐敗，明目張膽的

洗錢。為人民帶來的苦難，他怎能釋懷？怎能了無

罣礙的去喝老人茶？前面兩帖「戲改陸放翁詩」，

是孫君目前的心境。

　研究過程中，我意外發現孫大公和陸放翁（南宋・陸游）二人，思想上很多相同。

陸游是歷史上有名的「愛國詩人」，當了不久的地方官便長期被罷官在家，但他對國家

前途依然是憂慮牽掛的。他的示兒詩：「死去原知萬事空，但悲不見九州同，王師北定

中原日，家祭毋忘告乃翁。」算是他的臨終遺命了。

再者，陸游除了是一位「愛國詩人」，也是一位可敬的軍人。他在二十歲時就寫詩道：「上馬擊狂胡，下馬草軍書」，他最想當的是軍人，四十多歲時，陸游終於成為一名軍官。

探究孫大公先生從年青時代，一路走來，所堅持的信念，不就是「上馬擊狂胡、下馬草軍書」。

對待倭奴國的侵略者和島內的台獨異端，他走上第一線，提筆批判，帶頭號召正義力量；為追求國家統一、繁榮與強大，他草擬信函寄兩岸各領導階層，積極貢獻身為一個中國人的智慧。

陸、孫二人都牽掛國家統一問題，孫君則關心範圍更廣，他在二○○七年四月寫一封信給知名的信大師（如附印），勸說把我國「孟子」一書的王道思想，翻譯若干在美國發行。

那位大師卻回說，勸孫君多去享受南加州的陽

光，也即少管點閒事。孫君又回函稱，這和自己性格不合，我（孫君）總覺得做一個中國人就應在有生之年對中華民族有點貢獻（或獻言）。所以，幾十年來我都是想到就做，只問該不該？對不對？……這也就是作者要費心研究、彰顯孫大公這個人，其思想、行誼，足為時代的春秋大義典型。

在孫君給同期（陸官廿八期）同學的一封信，「鈺如兄嫂」（如上），短短幾行如讀「文天祥正氣歌」，如讀「林覺民與妻絕別書」者，其人必非中國人，甚至連華人也不是。筆札，沒有一點感動，或一點「感覺」，都是動人心弦的。可謂讀這封「鈺如兄嫂」

席間談起的潛藏外患危機，是這些年來日本人只承認被兩顆原子彈擊敗，而侵略中國的戰爭仍是勝利的。所以他們對美國人百般馴從，對中國人卻從不認錯，否認有南京大屠殺，甚至篡改教科書上的侵華史，激勵下一代的軍國主義，繼續他們征服中國的美夢。如果我們不提醒我們國人這潛藏的危機，可能……

鈺如嫂：

謝、你們昨晚為我杆暖壽。

席間談起的潛藏外患危機，是這些年來日本人只承認被兩顆原子彈擊敗，而侵略中國的戰爭仍是勝利的。所以他們對美國人百般馴從，甚至篡改教科書上的侵華史，激勵下一代的軍國主義，繼續他們征服中國的美夢。如果我們不提醒我們國人這潛藏的危機，可能千百萬人和無可計算的財務損失了。

基於這個概念，最近我用自己的電腦拷貝了100比「南京夢魘」，寄給國內外的親朋好友和軍往還大眾為了辭日本人的光狼殘暴，希望大家告訴大家提高警覺。此舉堪作的這樣做（附此）。祝

健康快樂

弟　大公府上明04.07

在寫給一位海軍官校畢業（可能同年班同學），「承恩兄」，孫君也談這個中華民族潛在的危機。於是孫君用自己的電腦拷貝了一百片「南京夢魘」，寄給國內外的親朋好友和單位，並希望大家告訴大家，提高警覺。

對於這個時代，對於自己的國家民族，乃至自己曾經矢志不移、堅定效忠的政府，孫大公依然存有「純度」最高的愛。但不表示他了無遺憾，看他給「承恩兄」那封信（也回應本書第一篇）：

至於你我那一代的人沒有被國家重用，說得自誇一點應是國家的損失，想想看我們的一代經過苦難和磨練，具有忠貞愛國的熱忱，做事負責努力，極具高度危機意識……豈是現代小子可比?！可是當我們初入社會時，當權者說：「嘴上無毛、做事不牢」，

要我們多多歷練。不過等他們的子侄從國外拿了博士回國以後，我們還未接棒就被排擠在「青年才俊」之外，整個的一代就這樣被白白地犧牲了！真是國家的損失啊!!!

「整個的一代就這樣被白白地犧牲了!」多麼沈痛的呼聲，相信也是孫大公沒能在軍職上好好揮灑，最深摯的「抱怨」和對他所處的時代，以及執政者的總檢討。

或許人世間確實是「月有陰晴圓缺」，萬事古難圓。但按我的研究，我這位書中的主角，他的一生揮灑的很自在，他為中華民族多添一抹光彩，他足為未來的中國人及他的子孫之典範。

現在的孫大公先生，不論多少歲數，他依然保持一生從未改變的，一種積極的思想和生活態度，書案旁的座右銘是他的「每日必讀」，逝者如斯、君子以自強不息。

每日必讀　（大公園）

思	想	不	能	偏	差
立	場	不	能	動	搖
存	心	不	能	虛	偽
眼	光	不	能	現	實
胸	襟	不	能	狹	窄
態	度	不	能	傲	慢
情	緒	不	能	紛	亂
精	神	不	能	消	沈
身	心	不	能	懶	散
生	活	不	能	墜	落
身	體	不	能	羸	弱
知	職	不	能	落	伍
人	格	不	能	敗	壞
才	具	不	能	封	閉
事	業	不	能	保	守

第十九章　往事只能回味

再回顧一些往事，一九五七年參加中國國民黨第八次全國代表大會在官校就讀二年級時，孫先生已身兼校內之三級（分、支、特種）黨部委員。十月份時被選爲基層代表參加由蔣中正總裁親自主持之「增添副總裁」重要會議，以及選舉新一屆中央委員等，可謂與有榮焉！已有專章講述，不再贅文。

與蔣孝文在陸官校之友誼

蔣孝文是蔣中正的長孫，蔣經國的長子，備受父、祖之寵愛。民國四十四年他考取新制（大學部四年）陸官校當新生，正巧與孫是同連同排同班之左右鄰兵。

他們父輩相識，而孫在讀杭州蕙蘭中學時，蔣在讀小學，也都住在西湖旁邊，相距不過百米遠。到台灣後孫先生台北工專畢業，再畢業於預備軍官訓練班第二期，然後再

投筆從戎進陸官校，所以才正好與蔣是正期二十八期的同學。

大家都以為蔣身世顯赫，對他一定有特殊的優待，其實不然，他父、祖交代校方要磨其成鋼，而學長們又以能折磨他為樂，因此他在校中吃盡苦頭。在這新環境中突來的磨難，使他有些受不了。

在孫和蔣朝夕相處中，孫儘量給他精神支援和授以機宜（一年預官班軍事訓練之心得），他總算在新生入學時的「魔鬼訓練」挺了過來。以後他認孫這個「大哥」，言聽計從，平時孫講些做人做事的道理給他聽，有時幫他補習功課或修正一下他寫給祖父母的中英文信稿，假日與他共同出遊。如此順利地過了一年，第二年他因勞累使鼻炎舊病復發，不得不退學求醫，離開了官校。

此後去美國讀書，回國就業，他們都有很密切的連絡。後來他遺傳的糖尿病嚴重發作不得不退出職場在家休養。每年到他生日時他都會請少數各部會與軍中熟悉的首長和孫在他家中慶生。有一次他當眾大聲告訴大家：「大公是我的真朋友，因為他從來無求於我！」此話蔣是實情實說，可是也正確地道出了孫的為人。

一九六三年起執教陸官校十年之救難任務

（一）擔任正期生之第十一連（編號後來改為十四連）連長。發佈連長命令前原預定孫為新生第二連之連長，但正式發佈時卻被張立夫校長臨時調為老生第十一連之連長。

當時該連是全校最差之連，非但軍紀最差，而且任何比賽都在榜尾。孫很不滿這樣調動的暗箱作業，有坑人之嫌，可是繼而一想，這也是考驗領導能力的機會，於是卯足全力，運用各種方法，在兩個月以內便奪得校慶比賽的雙料冠軍，而從此以後的比賽冠軍幾乎佔了大部份。

（二）擔任官校預備班教務主任

陸官校是四年制的大學教育（理學士），為求提高學生之素質，特開辦預備班（亦即高中部）加強高中三年之課程。

此時預備班已開辦有年，但因素質提升有限於是張校長在孫先生整頓第十一連一年有成以後，即調他去整頓預備班的教務。

預備班的老師成份複雜，各有來頭，我行我素已成習慣，學生也乘機鑽隙，整個教務散漫一團。孫先生便從服務老師開始，使他們從到校、上課、以至離校時皆心情愉快，

慢慢地配合孫的各種教學要求，同時經常舉辦比賽及考核，一年後教學上了正軌，學生素質提高，已有正式高中規模。

（三）　擔任預備班第二營之營長（第十三期學生）

當孫正將預備班的教務扶上正軌以後，有一天突然接到張校長緊急命令，要孫先生馬上去接第二營之營長職務，因為第二營學生罷食。

第二營是高二學生，居然全體罷食，這在軍中是非常嚴重的問題，尤其怕在校園內產生骨牌效應。張校長雖明知剛扭轉教務，尚待鞏固基礎，也毅然派孫去接營長職務。

第二營在預備班三個學生營中也是吊車尾單位。就在孫接營長職務當晚，半夜校部來電要孫派人去接剛被巡察抓到的三個第二營學生，因為他們半夜偷跑出校去小店吃東西。

整頓第一步首先親自督導改善學生的伙食，使大家樂於吃飯；同時也嚴整軍紀；提高學習情緒。在生活方面整理學生日常接觸之環境，尤其廁所之清潔和無臭味；每人都有足夠的水洗澡；晚上都能清靜安眠……等。漸漸地學生安定下來，就能作其他方面的發揮，在營際間的比賽也時常贏得第一，聲譽直上。他們升為正期生以後是第四十四期，目前已是陸軍中之高層骨幹。

（四）擔任陸官校之土木系主任

陸官校是大學教育，其中有工學院、理學院、文學院，……等所屬之不同科系，如土木系、電機系、測繪系、機械系……物理系、化學系……英文系、國文系……等等，其上由「普通科學部」統一管理。所以老師是各系之專業教授，而學生是通才教育，亦即要學各系之基礎理論。

孫先生因在美國普度大學獲土木碩士學位，返國後一直在陸官校教授土木系課程（在任連營長職務時也有兼課），因此在擔任營長一年後，正巧土木系主任出缺，校長又把孫先生調去擔任系主任。

在官校各種不同的科系中，土木系不甚起眼，暮氣沉沉，但卻軍職教授人數較多，照說應該較文職教授人數較多的系活潑嚴肅，因此如何提振老師的士氣，如何推展生動的教學方法就又成了一個難題。

當初陸官校改為四年大學制時是比照美國西點軍校之制度，其教授群是由深造後之軍職組成，這樣學生在操場上和課室內都可以養成軍事的肅穆氣氛。

一般的教育是「由內而外」，也就是思想貫通以後，外在的動作自會符合內在的思想，可是軍事教育要在短時間內訓練出一致的思想和動作，就只有「由外而內」才可速

成。於是，從教授們的服裝儀容開始，然後教學準備、教學態度、進度控制、實驗到位、教學考核等等陸續實施，不久學生們對土木課程有了興趣，對老師有了尊敬，土木系就又活躍在陸官校了。

孫君在陸官校教書的十年中給學生的印象是「嚴」，一般認為是最兇的老師，各期同學對「孫營長、孫老師」都敬畏有加，可是實際上只要同學們按照校規去做，不犯錯，也自有輕鬆的一面。他常和學生們說，在這裡是「好人的天堂，壞人的地獄」。黑白分明，學生們反而容易遵行，士氣和紀律也自會提高。等他們進入社會以後，發覺孫先生以前的嚴格對他們有實質的好處，因此他想不到現在竟成了很多老部下親近的對象。

孫先生屢次返台時，同學們如果知道了，會自動集合起來請他吃飯和共聚，大家如兄如弟開心得很，甚至已身為上將參謀長或國防部長也會如此辦理，使孫先生感覺只要正道做事和誠心對人，日久自會見人心的！！！

跋記：綴輯零落的回憶

——緣起孫營長

自從民國六十年（一九七一）八月，我從陸官預備班十三期畢業，進入正期學生班第四十四期，在我的記憶中，似乎再未見過孫大公營長。但這樣說，仍是很朦朧的，存著太多「灰色空間」的，因為當時他仍任教於陸官，以他「革命軍人典型」的形象，他必然是校園中的「公眾人物」！

另一個原因，是我和老長官在官校那段歲月，並未私下見過面（被召見），畢竟營長和一個十五、六歲的學兵，距離是很遙遠的。學生大約只有兩種情況有見到營長的機會，其一是表現（或成績）極好，營長招見勉勵；再者就是犯了大錯，營長招見訓斥（警告等）。而我永遠不會屬於這兩類的學生。

所以，可以這麼說，學生時代孫營長並不認識我，按當時「知兵識兵」的規定，營

長只要熟識全營排長以上幹部，反之，當時在校的各期學生（預備班、正期班、專修班），數千學生聞「孫大公」之名，真是如雷貫耳，若有學生未聞「孫大公」三字，必是他混的過頭了，必遭側目！對於這樣一位革命軍人的忠貞典型，他是我們所有軍校生永遠的標竿。

人生如白駒過隙，世事如白雲蒼狗，那些似乎才不久前的事，隨著年歲越長而回憶越多。大約五年多前，我寫一短文（如下），回憶學生時代那些零落的舊夢，抒發身為「黃埔人」的一些感想：

抗戰勝利六十周年、陸官四十四期畢業三十周年慶

——兼寄語兩岸黃埔人共為國家統一而努力

九十四年是「七七抗戰」勝利、日本投降六十周年，正好也是我期（陸官四十四期，六十四年班）畢業三十周年。多麼有意義的日子，又是多麼巧合。抗日聖戰時，正是我父祖輩的黃埔老大哥，在戰場上流血流汗，經歷慘重犧牲，才換得的一個民族尊嚴與光榮勝利的日子。而斯時，我期同學都尚未出生（本期同學中最年長的出生於民國三十七年），為何兩者並提？非在自己臉上貼金也，而是與有榮焉，偉哉！我黃埔老大哥們，

他們用生命鮮血為中華炎黃立下千秋典範。我期畢業三十周年，也是感慨萬千。

以上看似兩件事，實則是一件事。六十年前的黃埔老大哥們浴血沙場，及我期同學自民國六十四年畢業後，紛紛在金馬臺澎及海內外各工作崗位服務，韶光易逝，匆匆又已過了三十年。算一算，在八年抗戰之前，民國十三年黃埔軍校成立後，老校長蔣公就率領著黃埔子弟，東征北伐，與日軍就開始有小規模戰爭。近來，年已過半百，髮已半白的我，常在想，這將近百年間，我們黃埔人「祖、父、子、孫」四代在做甚麼？我們四代人以「接力賽」的精神，一代接一代的，前仆後繼，視死如歸，午夜思之，我領悟到，四代人做的是「一件事」。

那「一件事」？一言以蔽之，曰「抵抗外患，民族復興，國家統一」。這是多麼簡單清楚的真理！又是多麼崇高神聖的歷史任務！因而，值得一代一代的黃埔人率領著一代一代的中華兒女，無怨無悔的努力下去，這「一件事」未完成，那一個黃埔人能放的下一顆心。但畢竟，人生短暫，而民族復興與國家統一大業，常是百年或更長久的一個漸進過程，不管先後期黃埔人，我們只要一生堅持黃埔信念，身體力行，不分流血或流汗，也不分成功或成仁，當更不分軍階的高下，在春秋大義面前，也都無愧于心，也就放心了。

「抗戰勝利六十周年」，若干日本右派和台灣獨派相勾結，說成「終戰」，企圖引導視聽，讓一些不明就裏的現代人物以為中日戰爭已經「終了」、「遠去」，已經是「過去式」了，可以「忘記」了。果而我們真的「全都忘記了」，便是中了日本鬼子和台灣獨派的「毒」，「漠視歷史的人，終將成為另一次的受害者。」（引天下文化出版，張純如著，蕭富元譯，《被遺忘的大屠殺》，高希均先生出版者的話。）諾貝爾和平獎得主維厄瑟爾，曾提出警告說：「遺忘大屠殺，就是二次屠殺。」是故，若我們全都忘了，不僅有被「再遭屠殺」的可能，民族復興與國家統一可能也受到威脅，前述歷史任務豈不成了「永久的夢」！？

所幸，兩岸黃埔人及絕大多數中華兒女並未忘記，你看！二○○五年的中國反日大遊行，風起雲湧，中國人民如黃河之澎湃，如長江之漫天，如五岳之嶄岩頂立，中國民族主義再一次展示與詮釋在世人面前，中國要復興，真是「山都擋不住」。在這場反日大遊行中，台灣地區的黃埔人和中華兒女雖有一海之隔，與大陸黃埔人和中華兒女們，大家心連心同一陣線的（少數不認自己是中國人，不認自己的祖宗的人也就是例外了。）

其實是心連心同一陣線的，我再寄語數言，早年兩岸黃埔人曾在戰場上殺得你死我活，也各自寫下驚天動地的史章，也許那是追求民族復興和國家統一過程中，使用了「不同手段」

的結果，而其目標則一。歷史發展常出人意料，目前的兩岸情勢，在中國之興起與美帝之衰落。「反分裂國家法」制訂完成、連宋訪問大陸完成政黨和解及島內執政者承認了「台獨是自欺欺人」論述等，已產生「結構性變化」，即已開始向統一之路傾斜前進。

就在這國家統一之前夕，兩岸黃埔人務必同心發揮力量，縱使是「一根稻草」的重量，也與春秋大義等值。

為發揮「一根稻草」的力量，筆者和一群朋友成立《華夏春秋》雜誌社，一方面希望在國家統一前夕不要缺席，發揮一點文化力量。再者，身為「陸軍官校四十四期」的一員，在戎馬三十年後，「告老返鄉」之際，再發揮一點力量，也算我期對國家民族的貢獻。

四十四期同學畢業時六百人（內含預備班十三期、士校和聯招），目前只剩十餘將級在崗位上，退休有先後，軍階有高低，但吾等所思所言所行，在春秋大義面前等值也，同是民族復興與國家統一之戰士。末了，願母校校運倡盛，兩岸黃埔人健康如意。（本文照片均先刊於陸軍官校校友會訊，第四十二期，九十五年元月。

本文於二○一○年十月八日，再轉刊山西芮城「鳳梅人」報

就是這篇文章，把蟄潛心中四十多年前的老長官引了出來。因為文中提到「預備班十三期」，老長官多麼念舊！他想著四十多年前他帶過的「小蘿蔔頭」，其實這時我期同學大多已解甲歸田了。

老長官從太平洋彼岸看到陸官「校友會訊」第四十二期（民95年元月），或許我這篇文章也正好寫中了老營長的心思，他輾轉連繫上我這位最不長進的學生。約民國九十五年初（或九十五年底），我和老長官在台北天成飯店終於完成有生以來的第一次會面。那種感覺，真是說不上來的好，就像「粉絲」（Fans）終於看到心中的偶像，是一種意外，是一種驚奇！

也許身為作家的「本能衝動」，我開始「挖」老長官的「金礦」，運用他給我的「原料」，最後輯成了本書。

再者，一個四十四期的小小小老弟，有機會不因在職公務或有所求，而和一個二十八期的老老大哥，尤其這樣「明星級」的老大哥碰上一面，我視為「良緣」，視為無尚之榮譽。

九十五年四月間，我們心中永遠的「孫營長」，從美國回台。我連繫老同學於二十三日在天成飯店和老營長歡聚。

二〇〇七年十月二日，老營長回台，我們又有數十同學在國軍英雄館和老營長歡聚。（均如照片）

老長官當我們營長的時間，記憶中似乎不太長，一年多吧！但他會成爲學生們「永遠的典型」，是因爲他具有「革命軍人忠貞典範」的形象，更是留美的第一位碩士營長。當然還有他很特殊的背景，台北工專畢業，服完預官再重讀軍校二十八期。

像這樣的文武兼備之革命青年，理應在國軍陣營伸展其志向抱負，但終究投筆從戎的理想沒有達成，我一再思索著主角孫大公先生

孫大公（中間西裝者）和他的子弟兵們，二〇〇七年十月二日，攝於台北國軍英雄館。前排左起：桑鴻文、韓敬樾、陳福成（本書作者）、虞義輝、孫大公、石忠勝、周至聖、周小強夫婦。後站左起：陳馨、□□□、王忠義、薛立君、趙保晨、李龍儀、解定國、周定遠、朱湯榮、江文、陳家祥、□□□、張克難、汪紹南、盧志德、陸瑜、張哲豪、梁又平。

寫給那位「承恩兄」（十八章）信中的幾句話：

至於你我那一代的人沒有被國家重用，說得自誇一點應是國家的損失。想想看，我們的一代經過苦難和磨練，具有忠貞愛國的熱忱，做事負責努力，極具高度危機意識……豈是現代小子可比？！可是當我們初入社會時，當權者說：「嘴上無毛，做事不牢」要我們多多磨練。不過等他們的子侄從國外拿了博士回國以後，我們還未接棒就被排擠在「青年才俊」之外，整個的一代就這樣被白白地犧牲了！真是國家的損失啊！！！

遺憾啊！遺憾。早幾年我還會氣的跳腳、痛批。但大約五十歲左右，我想通（悟了）其中的道理，人生有些遺憾是對的，孔明堅持的北伐大業、鄭成功的反清復明，乃至先總統　蔣公的反攻大陸政策，他們一生堅持的志業竟都沒有完成。換言之，理想都成空夢一場，但何曾動搖他們在歷史上成為英雄聖賢之地位？反而更堅定的，幾乎「神格化」他們的歷史定位？

為何？就是那一點對中華民族的大愛，對追求國家統一的信念，他們這樣的信念為中華民族點起一盞明燈；而孫大公也以這樣的信念，為中華民族再添一抹光彩。

陸軍官校二十八期孫大公先生年表簡編

二〇一四、九　陳福成編

民國二十一年（1932）一歲

△先祖原居浙江省富陽市，後因經商遷居杭州市。到孫大公先生，乃三國吳大帝孫權第五十六代孫。（族譜內亦有　國父孫中山先生）

△十一月二十四日，（農曆）出生於北京（原北平），父芹池公、母錢惠芹。為孫府獨子。

民國二十二年（1933）二歲

△舉家遷居南京市。

民國二十三年（1934）三歲

民國二十四年（1935）四歲

△入南京市三牌樓小學幼稚園。

民國二十五年（1936）五歲

△舉家隨陳果夫先生家眷遷至重慶市。

△暫住陳果夫先生家——「衡舍」，常去陳立夫先生家——「高廬」玩耍。

民國二十六年（1937）六歲

△入讀重慶　市巴蜀小學幼稚園。

民國二十七年（1938）七歲

△進入小學一年級。

△避日寇轟炸，舉家遷至重慶市郊之小溫泉（地名）。

民國二十八年（1939）八歲

△入讀成泉小學。

民國二十九年（1940）九歲

△代表學校參加地區性之小學生演講比賽。

民國三十年（1941）十歲

△日寇轟炸稍緩，舉家遷回重慶市區。

△入讀重慶私立德精小學。

民國三十一年（1942）十一歲

△代表學校參加演講比賽。

民國三十二年（1943）十二歲

△代表學校參加歌唱比賽，但因前一日扁桃腺發炎，未能出席。

民國三十三年（1944）十三歲

△德精小學畢業。

△考入重慶沙坪壩之南開中學入讀。

△加入「三民主義青年團」為團員。

民國三十四年（1945）十四歲

△抗日戰爭勝利後舉家返回上海。

民國三十五年（1946）十五歲

△入讀上海市立復興中學。

民國三十六年（1947）十六歲

△入讀杭州私立蕙蘭中學。

民國三十七年（1948）十七歲

△蕙蘭中學初中部畢業。接讀高一上學期。

△因戰亂舉家遷居香港。爾後遷居頻繁。

民國三十八年（1949）十八歲

△入讀廣州私立培正中學高一下。

△入讀重慶私立鍾南中學高二上。

民國三十九年（1950）十九歲

△入讀香港私立南華學院附屬中學高二下。

△遷至台灣。

△入讀台灣省立台南二中（高三整一年）。

民國四十年（1951）二十歲

△台南二中畢業。

△考入台灣省立台北工業專科學校（土木科）。

民國四十一年（1952）二十一歲

△台北工專已自工業學校進階專科學校。

民國四十二年（1953）二十二歲

△台北工專第一屆畢業。

民國四十三年（1954）二十三歲

△畢業於預備軍官訓練班第二期（步兵少尉級）。

△台灣省特種（就業）考試及格。

△獲獨子緩召證明。

△加入青年救國團及國民黨。

△分派至台北工專擔任助教兼軍訓教官。

民國四十四年（1955）二十四歲

△就讀陸軍官校第二十八期（四年新制）。

△巧與蔣經國先生長子蔣孝文為同排同班之左右鄰兵，二人成為一生的至友。

△八月，蔣孝文致函大公兄，述友誼真情，共勉為復國而努力。

△十一月當選陸軍官校國民黨第九黨部大會代表。

民國四十五年（1956）二十五歲

△同一個時間擔任陸軍官校國民黨之三個層級委員會之委員。

民國四十六年（1957）二十六歲

△獲陸軍官校獎狀（學術、品德、才能均優）。

△當選中國國特種黨部代表。

△參加國民黨第八次全國代表大會（時孫君是陸官校二年級學生）。

△十月，總統　蔣公親自簽名玉照乙幀贈大公同志。

△蔣經國來函推薦陳誠為國民黨副總裁候選人。

△投稿三軍代表大會之會刊──「信心」。

民國四十七年（1958）二十七歲

△獲頒陸軍總部體能競賽獎狀（陸軍運動大會五百公尺武裝超越障礙賽跑）。

民國四十八年（1959）二十八歲

△九月，以第二名成績畢業於陸軍官校裝甲兵科。

△獲　總統蔣中正親頒二等績學獎章。

△裝甲兵司令蔣緯國將軍函大公、文山，祝賀保送美國裝校。

△十月跳傘訓練及格。

△十一月派赴裝一師搜索營任副排長。

民國四十九年（1960）二十九歲

△一月，保送至美國裝甲兵學校初級班受訓（以優異成績畢業）。

△七月，保送至本國裝甲兵學校初級班受訓。

△七月，撰寫赴美國裝校受訓心得呈本國裝校。

民國五十年（1961）三十歲

△六月，台灣警備總司令黃杰邀宴。

△七月，保送至美國普度大學研究院攻讀土木工程。

民國五十一年（1962）三十一歲

△獲陸軍總部頒發獎狀（忠誠愛國，表現優良）。

△五月，當選普度大學中國同學會之會長。

△當選國民黨美中留學生分部委員。

△正式創立國民黨美中分部普度小組。

△從五十年到五十二年間，在普度大學對當時在校的左傾和台獨份子，展開一段外交和政治作戰，並宣揚國策獲陸軍總部、國防部及王師凱的表揚、頒獎。

△運用黨團核心力量選出忠貞份子（如孫中山侄曾孫及陳立夫公子等）擔任歷屆中

國同學會之會長。

民國五十二年　（1963）　三十二歲

△獲美國普度大學土木碩士學位。

△十一月十二日，與相識九年之夏威夷大學教育碩士孫毓軒結婚。

△獲聘陸軍官校專任講師。

民國五十三年　（1964）　三十三歲

△獲教育部之講師證書。

△當選陸軍官校年度優良教師。

民國五十四年　（1965）　三十四歲

△加入中國土木工程學會為會員。

民國五十五年　（1966）　三十五歲

△獲經濟部技師登記證（土木科）。

△保送至本國裝甲兵學校高級班受訓。

民國五十六年　（1967）　三十六歲

△獲聘陸軍官校專任副教授。

△當選陸軍官校年度優良教師。

△獲頒陸軍二星寶星獎章（服務勤奮，著有成績）。

△奉派擔任陸軍官校正期生第十一連連長（後改名第十四連，為全校各項比賽之末尾連）。

△兩月後成為陸軍官校畢業典禮全校四大競賽之冠軍連。

民國五十七年（1968）三十七歲

△奉派擔任陸軍官校預備班之教務主任（提升學術至公私立高中之水準）。

△台灣報紙新聞版刊登「碩士營長孫大公」專訪。

△是年年底至五十九年初奉派擔任陸軍官校預備班十三期營長（第二營），筆者是他三百多學生之一。

民國五十八年（1969）三十八歲

△獲教育部之副教授證書。

△當選陸軍官校年度優良教師。

△獲預備班軍紀競賽營級第一名。

△獲預備班裝備檢查成績營級第一名。

民國五十九年（1970）三十九歲

△獲聘陸軍官校專任副教授兼土木系主任。

△營長任內成績卓著，記功一次。

△獲　總統蔣中正頒忠勤勳章（忠誠勤敏，卓著勳勞）。

民國六十年（1971）四十歲

△十月，《給岳公老伯的一封信》（張群先生）。十一月，張群致大公世兄左右。

民國六十一年（1972）四十一歲

△當選陸軍官校資深績優教師。

△獲頒陸軍景風甲種獎章（工作勤奮，積滿三大功）。

△獲聘兼任中山科學院助理研究員。

民國六十二年（1973）四十二歲

△四月十六日，基隆市政府（時市長陳正雄），行文函陸軍總司令部，擬商調孫大公先生任建設局局長。

△十月，畢業後服務十四年（其中在陸官校服務十年），以陸軍官校土木系主任身份退伍。

△葉財記營造公司聘為副總經理。

△獲頒陸軍獎狀（服務努力，工作熱心）。

民國六十三年（1974）四十三歲

△為亞洲水泥公司新建花蓮廠房。

民國六十四年（1975）四十四歲

△向報社投稿——「要三民主義？還是資本主義？」（已不記此文之年月，但知在尼克森訪華之後及台灣選監委之前）

民國六十五年（1976）四十五歲

△自創「大芹建設企業有限公司」。

民國六十六年（1977）四十六歲

△在台北市郊區、開發房地產。

民國六十七年（1978）四十七歲

△往返沙國（沙烏地阿拉伯）洽談土木工程事宜。

民國六十八年（1979）四十八歲

△與幸福水泥公司合作，安排與沙國之皇親國戚簽約，在沙國合作承包土木工程。

民國六十九年（1980）四十九歲

△五月，《給蔣經國先生的一封信》，反映國內社會現狀。

△八月，致聯合報及中國時報編輯說明，西方「資本主義」動搖我國本。「三民主義」應避免「金權政治」。

民國七十年（1981）五十歲

△與陳立夫先生討論三民主義，陳立夫即贈大公墨寶。

△因政府批准幸福水泥公司即可在台建廠，因此放棄去沙國從事土木工程，前功盡棄，同時被沙國禁入，斷了沙國所有人脈。

民國七十一年（1982）五十一歲

△受遠東企業之創辦人徐有庠先生親邀，同時擔任「遠揚建設」和「遠揚營造」兩公司的總經理，達七年之久（一九八二──一九八九）。

民國七十二年（1983）五十二歲

△承建「遠東紡織公司」及「亞洲水泥公司」之廠房增建工程。

民國七十三年（1984）五十三歲

△於板橋市建造數百戶之公寓大樓出售。

民國七十四年（1985）五十四歲

△承建「遠東百貨公司」之增建工程。

△二月，《給蔣經國伯父的一封信》。建議兩個故事稍改結局。

△蔣孝文送大公兄之有趣打油詩（筆名醉兵）。

民國七十五年（1986）五十五歲

△協助籌建「元智工學院」。

民國七十六年（1987）五十六歲

△參與台灣第一幢四十層高樓（遠企中心）工程。

民國七十七年（1988）五十七歲

△參與多項本集團內之小工程。

民國七十八年（1989）五十八歲

△辭去同時擔任的「遠揚建設」和「遠揚營造」兩公司之總經理職務。

△與幸福水泥公司董事長陳兩傳合作在美國買賣土地（應在年內可賺五百五十萬美元）。

△與遠東百貨公司前總經理合組專投美國房地產之投資公司，當時世界榮景，預估

兩年本金就可翻倍。

民國七十九年（1990）五十九歲

△與幸福公司合作買賣美國之土地，因台灣股市突然暴跌萬點，而幸福公司股票剛上市，為拉抬自己股價，耗盡投資土地之資金，買賣未成。

△因日本經濟泡沫突然破滅，導至全球不景氣，故專投美國房地產之公司也慘遭滅頂。

△來去台美間太頻繁，決心定居美國。

民國八十年（1991）六十歲

△在台灣之聯合報報首，自動自發自費數萬元刊登「為選舉給各同學的一封公開信」。

民國八十一年（1992）六十一歲

△九月，首次隨旅行團回大陸探親祭祖。

△中共中央統戰部突邀宴談經濟。

民國八十二年（1993）六十二歲

△赴中國大陸辦合資公司，在杭州主持「杭光機電工程公司」。

△申請發還杭州西湖邊之祖居，未成。

△八月，致書鄧小平先生，提供「秩序就是生命」口號，自此開始即不斷向兩岸領導建言。

△九月，寫信給擔任法務部長的馬英九先生，要他徹底肅貪。同月，致函小平先生和喬石委員長，提供「行賄自首者無罪」原則和推行廉政運動。

△推薦立法委員朱高正致李登輝的公開信。

△大陸某教授發明化學藥粉摻在稻草或豆梗中可用來餵豬，既可幫農民脫貧，又可節省購買飼料之外匯，因此與友人與其商談合作。

民國八十三年（1994）六十三歲

△函賀三兒同年自美國大學畢業（立群 UCLA，立華 Parsons，立章 Berkeley）。

△一年內為「杭光」簽約兩個國外投資建造發電廠案。

△因過度操勞，辭去杭光總經理職務，返美療養。

民國八十四年（1995）六十四歲

△「稻草餵豬」之事終因該發明者要求分成過高，而未談成。

民國八十五年（1996）六十五歲

△開始在美國致力於揭發「南京大屠殺」真相。

△十二月，函孫大衛先生請成立基金會，復興中華文化。

民國八十六年（1997）六十六歲

△恢復健康後去杭州想看兩年前簽約興建的兩個發電廠狀況，但據告因當時孫總經理辭職，致投資者信心不足，縮手未投資，故皆未建。

民國八十七年（1998）六十七歲

△孫大公發表他的理念：世界大同必因中國以「王道」和「仁政」成為世界頂尖強國後才有機會實現。

△九月，再致函美國金士頓公司創辦人之一的孫大衛（中國人），勸說成立「孫氏文教基金會」，支持大陸小學的「希望工程」，大力復興「禮義廉恥」的孔孟文化等，未得覆。

民國八十八年（1999）六十八歲

△大陸一位科技專家發明新型冷氣機，可提高現在的效率（EER）三倍，並有太多優點。目前全世界使用舊機在五千萬台以上，商機無限，於是與友人與其商談合作。

民國八十九年（2000）六十九歲

△致兒函，教導「如何做人處世」。

民國九十年 （2001） 七十歲

△六月，致函江澤民總書記，盼能激發中國統一靈感。

△七月，率「黃埔軍校旅美校友訪問團」回國作「溯源之旅」，行程有北京、廣州、南京、上海，與黃埔軍校相關史跡。

△在北京時與四位部長級領導分別會談。

△八月，率黃埔校友，參加洛杉磯華僑舉辦的慶祝北京「申奧」成功。

民國九十一年 （2002） 七十一歲

△致朱鎔基總理說明有「稻草餵豬」事可使農民脫貧及節省外匯，但惜無回音。

民國九十二年 （2003） 七十二歲

△致「侵華日軍南京大屠殺遇難同胞紀念館」館長朱成山詢問如何購買「照片見證南京大屠殺」一書，以贈各大學圖書館。

△六月，函霍守業學弟讚揚維護陸軍官校榮譽制度。

民國九十三年 （2004） 七十三歲

△三月十七日，為選舉投書報端——「一個老百姓的心聲」。

△三月十九日，爆發「三一九槍擊弊案」，陳水扁竟因此當選，大公泣書國峰兄嫂，

民國九十四年（2005）七十四歲

△投稿美國世界日報——「日本」是「倭寇」，「倭寇」就是「日本」。

△五月，寄「日本」是「倭寇」文予中國黃埔同學會林上元會長，請其在國內代投報刊。

△在進行揭發南京大屠殺之際，也在美國積極參與阻止「日本入常」活動，並持續數年，反對倭人入常的簽名，達四千多萬人。

△六月，函黃美惠為文讚喬瑟夫獨立完成《南京夢魘》，宣揚日本殘暴的民族性。

△數年間為新型冷氣機引進各國不同之投資者，皆因該科技專家不肯全部交出專利權而作罷。

稱台灣同胞苦難未盡。

△致朱成山館長建議設立「日軍屠殺中國人實錄」網站。

△七月，致李競芬會長說對大陸要鼓勵多於責備。同月，致澤民主席、源球會長防「美日狼子野心」，由民間進行全球宣傳。

△與林國峰談李鵬撰文指「鄧小平支持六四鎮壓」，而李光耀則稱「大陸經濟成就應歸功鎮壓六四」。

民國九十五年 (2006) 七十五歲

△元月，筆者在陸官校《校友會訊》第42期，發表一篇回憶陸官44期和預備班13期的文章。吸引在美國的老營長孫大公注意，不久他回台。筆者和老營長首次在台北天成飯店碰面，開啟以後更多的因緣。

△投稿中央軍事院校校友通訊──〈救國秘方〉。

△六月，〈給施明德的紅衫軍〉，建議用「挺扁就是挺貪腐」大標題定性。

△七月，致胡主席提供「救國秘方」，期待廉能愛民的政府。

△十月，致函胡錦濤主席談移民及其他；同月，再致胡主席談開放移民及社會貧富差距過大之危險。

△十二月，致書鄧樸方，談「行賄自首者無罪」的立法。

民國九十六年 (2007) 七十六歲

△元月，致書胡錦濤主席，談蕭貪約法三章。

△二月，賀霍守業出任參謀總長並勉胸懷國家民族、走正義大道。

△二月，致中央電視台白岩松，在其籌劃「岩松看日本」時，將暴行也納入。

△三月，致北京市黃埔同學會，寄日軍屠殺我同胞資料，請轉有關單位編入歷史教

科書。

△三月，寄黔輝會長「南京夢魘」DVD 片，並詢如何可得「日本鬼子」DVD 片。

△四月，致胡錦濤主席談外匯，貧富差距及如何平衡房價。

△四月，寫信給「信大師」，勸說把我國《孟子》一書，翻譯在美國發行。同月，自行拷貝一百片「南京夢魘」DVD 寄給海內外好友和單位，提醒國人「日本問題」嚴重。

△四月，致友人關承恩慨嘆政府錯過人材之使用。

△五月，致胡錦濤主席向全世界公布國策三條。

△六月，孫君時任「中華黃埔四海同心會」美國總監，代表將會旗交給「陸軍官校同學會會長」李德舜；同月致胡主席問有「諍友」乎？

△七月，致猶太人「納粹大屠殺紀念館」函，並寄捐款及「南京夢魘」DVD 片。

△十月二日，孫營長自美返台，筆者連絡孫營長昔日的學生，虞義輝、解定國等三十多人，在台北國軍英雄館與老營長餐聚。

△十一月十九日，馬英九先生致書孫大公先生，請為明年大選助選。自此，孫君開始奔走台美兩地，拼老命為馬蕭競選活動「幹活」。

民國九十七年（2008）七十七歲

△元月，廖了以先生致孫大公號召助選大軍。

△元月，寄出「爾灣馬蕭後援會」之十一項建議。

△二月，孫大公給爾灣返台投票同仁辦歡送茶會及致台灣同胞函。

△三月，致王勝俊最高法院院長及曹建明最高檢察長鼓勵肅貪。

△三月二十三日，馬蕭當選，致書廖了以先生，共勉邁開大步向前衝，國家有救了！

△四月，致馬英九總統函談新政伊始；七月再致英九問有「諍友」乎？

△五月，叱責猶太人忘恩負義。同月，致錦濤主席反制猶太人破壞京奧。

△六月二十一日，在世界日報發表「提防日本狼子野心」。

△七月，致了以部長談博弈。

△八月，致書郭台銘，勸說成立「郭曾文教基金會」，專用於振興中華文化。

△八月，投稿世界日報「行賄自首者無罪」之約法三章。

△十月，到富陽市尋根發現是三國吳大帝孫權之五十六代子孫。

△十月，致監察院王建煊院長鼓勵肅貪。

△十二月，致廖了以說馬英九命盤天機。

△十二月，霍守業函大公老連長同沐溫馨並賀老連長尋根有成。

民國九十八年（2009）七十八歲

△三月，致寶總理建議趁全球經濟放緩時，徹底檢討資本主義。

△三月，致書胡、習二位領導，引述資本主義之惡。

△三月，致書廖了以部長談「博弈」，此後數年孫君多次與各級政府談博弈。

△四月，致家寶總理有關美國「時報週刊」卸責之文章。

△四月，函胡、習、溫三位中國領導人，建議發展新戰機和航母。同月，致守業學弟談真金不怕火煉。

△五月，致胡錦濤主席談「六‧四」和法輪功動亂背後的黑手。

△八月二十六日，為「八八水災」困局，寫信給總統夫人周美青女士，提供解困參考。

△九月，致吳敦義院長、澎湖各首長談博弈。同月，再致吳院長談馬吳互補。

△九月，致馬英九總統在台設賭場前請集思廣益。

△十一月，致家寶總理談新聞自由。

民國九十九年（2010）七十九歲

△十二月，致胡錦濤主席說中印關係。

民國一○○年（2011）八十歲

△元月，致胡、習、溫各領導人講博弈，並推薦博弈專家章果立。

△三月，致胡、習、溫贊成撤「駐京辦」。

△陸軍官校44期學弟陳福成，起意為老營長寫一本傳記。

△三月，再致書郭台銘，期待大企業家能從文化上起來救國。

△四月，致熙來市委書記，談為窮人建住宅。

△總統府廖了以秘書長來函謝對馬英九之支持和鼓勵。

△七月，致溥聰秘書長提勝選妙計。同月致胡主席着手兩岸和平協議。

△八月，致操大業先生說兩岸先建立軍事互信。同月，函胡、習、溫議兩岸捍衛南海。九月亦致馬英九與大陸共保太平島等事。

△九月，致華柱學弟談保衛太平島；十月高華柱函大公老師感謝建言等。

△九月，致光標先生，成立文教基金會，宣揚中華文化。

△九月，致家寶總理讚「依法行政」和學習四維八德。同月，致大陸「反貪碩士班」談反貪。

△九月，致周美青女士，請進言馬英九補洞。（總統府覆謝函）。

△陳福成為老營長編著的傳記已書成、印妥、分寄諸親友。

△三月，致勝俊最高法院院長，讚「緊咬反腐」並提供釜底抽薪之策。

△四月，致克強副總理，談做好「保障房」有利維穩。

△五月，致胡、溫、習、李各領導人，建議解開兩岸軍事死結辦法。

△六月，致郁方敦促馬政府與大陸共同保衛太平島。

△七月，致周志榮署長，期望掃除台灣之貪腐。

△九月，致金溥聰秘書長獻總統大選文宣妙計。（獲金謝函）

△九月，致馬英九總統伉儷謝為家母百齡賀壽。

△十一月，致胡、習、溫、李四位請注意人民力量——「水能載舟，亦能覆舟」。

民國一〇一年（2012）八十一歲

△元月，致馬英九、金溥聰函有關總統大選建言暨勝選祝賀。

△二月，致函王雪紅董事長，期待女性企業家從教育文化振興中華民族。同月，亦致函張榮發總裁，從「根」救中華民族。

△三月，投稿世界日報揭密「蔣中正與陳立夫之絕密談話」。

△四月，致習近平副主席談美國對中國的O型包圍。

△四月，致大陸四位領導人建議兩岸共同開發太平島事，同月，亦函馬總統和高華柱談此事。

△五月五日，爲美國支持越南謀奪我太平島事，致書英九總統，建議和中共正大光明的合作，共同防衛國土；同函同時致華柱學弟。

△六月，致各報寫社論的先生說兩岸共衛我國南疆。

△七月，致函陳福成學弟，感慨我國富豪救國不知從根救起。

△七月，致節如委員，談賭場國有民營。同函致鴻池執行長、應雄委員。

△投稿世界日報——「美軍自殺大增有解嗎？」。

△八月，致英九總統及夫人說奧巴馬來信的可貴處；同月，再函請整頓智囊團。

△九月，投稿世界日報——「台灣牆頭草新品種」。

△九月，投稿世界日報——「解決釣島問題馬難爲」。

△九月，剪寄李登輝之賣國新聞。

△十一，賀習近平主席並獻強國強種之計。同月，致函英九總統暨夫人，聲討日本雜種兼賣國賊李登輝。推薦林國峰爲顧問。同月，致王岐山常委，徹底蕭貪並獻良策。

民國一○二年（2013）八十二歲

△元月，致習近平總書記「反貪問題」如何收場？附文參考。

△二月，函高華柱請代轉寄為博弈之「讀者公開信」至台灣各大報紙。

△三月，致習近平主席說尹卓少將的戰略建議；同月，致吳敦義副總統談博弈經營。

△同月，再致吳副總統、宜樺院長，痛斥賣國者廢物。

△三月，致吳敦義副總統鼓勵他主導賭場「國有」「民營」。

△十月六日，為馬英九之民調驟降，盼成全他歷史地位計，在《世界日報》發表〈小馬哥應下台一鞠躬〉一文，稱至少可獲「犧牲為國」之美名，否則真搞垮了國民黨就會遺臭萬年。

△十月二十日，在《世界日報》發表〈大是大非與和稀泥〉，期許國人要認清大是大非，不要和稀泥，國家才有救。

△十一月十七日，在《世界日報》發表〈世上可無日本、但不可沒中國〉一文。

△十一月二十八日，致書習近平，為美國挑戰我「東海航空識別區」，提議文武兩

個處理對策，並分析利弊供參考。

△致行政院長江宜樺和立法院長王金平請為博弈立法——「國有」「民營」。（江
院長函謝建言）。

△國防部長高華柱覆函「專文已轉寄」。

△陳福成為孫營長另編一本《百書疏》，以手稿來補足前著之「傳記」。

民國一○三年（2014）八十三歲

△陸軍官校44期學弟陳福成認為在傳記外，手稿可補歷史記載之不足，因此又用手
稿編了一本《孫大公思想主張的百書疏》。同年再整理了一份「年表」，才認為
一切完整。

△「百書疏」已書成、印妥、寄出。

△解放軍空軍上校戴旭之「醒世危言」，真正說出了中國未來的危機所在，因此納
入「百書疏」之附件，以警惕大眾。

△一月，投書世界日報——「安倍靖國拜鬼，挑戰底線」。

△三月，寄人民日報數篇我以前所寫之日寇暴行文章。

△四月與黎靖良談國運，他說「反服貿」是「假學運真台獨」。在看完百書疏以後，

他說「忠臣板蕩之情令人動容」。

△六月，投書世界日報——是「狼變羊」還是「羊變狼」？

△八月，致習近平主席請制止民間用「純娛樂」偽裝成的「賭博」來毒害同胞。

△九月，致阿里巴巴的杭州佬馬雲，盼能有同夢而願去實現。

△十二月，於今年九月寄給老營長的《陸軍官校二十八期孫大公先生年表簡編》，經營長親自細心校正、補訂，本月終於完成。對於人物誌的書寫研究，至此才較為完整，這應該也是身為一個作家的責任。

民國一〇四年（2015）八十四歲

△元月，《我所知道的孫大公》（文史哲版）（附孫大公年表）。